성경에서 찾은

더 크게
성공하는 법

성경에서 찾은 더 크게 성공하는 법

초판 1쇄 2021년 07월 22일

지은이 강훈 | **펴낸이** 송영화 | **펴낸곳** 굿위즈덤 | **총괄** 임종익

등록 제 2020-000123호 | **주소** 서울시 마포구 양화로 133 서교타워 711호

전화 02) 322-7803 | **팩스** 02) 6007-1845 | **이메일** gwbooks@hanmail.net

ⓒ 강훈, 굿위즈덤 2021, *Printed in Korea*.

ISBN 979-11-91447-40-8 03190 | 값 15,000원

The Biblical Principles of Finance

성경에서 찾은

더 크게
성공하는 법

강훈 지음

굿위즈덤

프롤로그

성경에 기록된 더 크게 성공하는 법으로 당신의 삶을 바꿔라!

"나는 돈을 많이 벌어서 아름다운 교회 성전을 건축할 거예요!" 청년부 때 내 친구가 했던 말이다. 그 말을 들은 대부분의 사람들은 별 반응이 없었다. 교회 모임에서 돈을 많이 번다는 말을 하니 속된 것으로 여겼던 것 같다. 나도 그런 마음이 있었다. 그때 나는 하나님의 사랑을 깨닫고 열심히 교회를 다니고 있었다. 그러다 목사로 소명을 받았다. 그때부터 돈에 대해서 이야기하는 것이 부담스럽기 시작했다. 왠지 교회에서 돈에 대해 이야기하면 거룩하지 못한 것으로 생각되었던 것이다. 그래서 나는 점점 돈과 멀어졌다. 오직 영적인 일과 목사가 되기 위해 열심히 교회에서 봉사를 하고 신학을 공부했다.

4 성경에서 찾은 더 크게 성공하는 법

과연 돈에 대해서 이야기하는 것은 성경적이지 못한 걸까? 성공을 추구한다면 신앙적이지 못한 걸까? 만약 그렇다면 성경에 기록된 성공한 믿음의 사람들은 비판을 받아야 할 것이다. 믿음의 조상 아브라함은 엄청난 부자였다. 이삭은 백배의 축복을 받았다. 요셉은 당시 대국이었던 애굽의 총리로 성공했다. 다윗은 어떤가? 다윗은 왕이 되어 이스라엘 역사상 가장 강력한 나라를 세웠다. 성경 구약에 기록된 믿음의 사람들 중 많은 수가 부자였고 성공한 사람들이었다. 그리고 구약성경은 하나님의 축복의 말씀들로 가득하다. 하나님의 말씀을 따르면 복을 받는다고 기록되어 있다.

물론 성경은 돈을 하나님보다 더 사랑하거나 하나님처럼 의지하는 것에 대해서는 강력하게 경고한다. 그러나 돈을 많이 버는 것이 죄는 아니다. 수단과 방법을 가리지 않고 잘못된 방법으로 돈을 버는 것이 죄다. 돈은 우리의 삶에 없어서는 안 될 편리한 도구일 뿐이다. 오히려 성경은 하나님께서 우리에게 재물 얻을 능력을 주셨다고 말씀한다.

4년 전 나는 소명을 받고 교회를 개척했다. 우리 교회의 핵심 목회철학은 제자훈련이다. 쉽게 말하면 성도들을 전인격적으로 돕는 것이다. 사람을 돕고 성장시키는 제자훈련은 예수님이 보여주신 핵심 사역이었다. 예수님은 열두 명을 제자로 삼아 성장시키고 예수님처럼 하나님의 일을 하도록 하셨다. 사도 바울의 사역 방법도 제자 삼는 것이었다. 그래서 나는 성경의 본을 따라 제자훈련을 받았고 지금까지 17년 동안 제자 삼는 사역을 하고 있다. 나는 사람을 더 잘 돕기 위해서 상담대학원에서 공부하고 상담사 수련도 받았다.

그러다 몇 년 전 사람을 돕는 것 중 중요한 영역을 놓치고 있었다는 것을 깨달았다. 바로 물질적인 영역이었다. 돈에 대해서 잘 모르고 부정적인 생각을 가지고 있으니 돈을 터부시했던 것이다. 그러나 내가 물질적인 어려움을 겪으면서 그 생각이 깨졌다. 아이러니하게도 하나님의 일을 하기 위해 교회를 개척했을 때였다. 하다못해 전도를 하려고 해도 돈이 필요했다. 전도지도 돈을 지불해야 만들 수 있기 때문이다. 영적인 일을 할 때도 돈이 필요하다는 것이다.

나는 제자훈련을 받으면서 하나님의 말씀인 성경을 공부하고 묵상하는 법을 체계적으로 배웠다. 그때부터 지금까지 매일 아침저녁으로 성경을 묵상했다. 문제를 만나거나 중요한 결정을 할 때마다 성경에서 답을 찾았다. 교회 개척을 한 이후에 물질적인 어려움을 겪을 때도 성경에서 답을 찾았다.

성경 잠언에서는 이렇게 말씀한다. "내게는 부귀도 있고 번영과 성공도 있다." (잠언 8:18 현대인의 성경) 하나님께 부귀와 번영과 성공이 있다는 것이다. 그런데 하나님을 믿는다면서 왜 부귀와 성공을 부정적으로 생각하는 걸까? 하나님은 우리에게 복주시기를 원하신다. 우리가 가난하게 버티는 삶을 사는 것을 바라지 않으신다. 우리가 가난한 것은 물질에 대한 잘못된 생각과 가치관 때문이다. 이 생각을 버려야 한다. 그리고 하나님의 말씀인 성경의 메시지로 채워야 한다.

하나님은 성경을 통해 말씀하신다. "네 입을 크게 열라 내가 채우리라" (시편 81:10) 하나님은 크신 분이시다. 우리가 큰 믿음을 가지고 큰 것을 구하기를 원하신다. 무엇이든지 믿고 구한 것은 받은 줄로 믿으라고 말씀하신다. 그것이 잘못된 것이 아니라면 말이다. 그러니 우리는 생각을 바꿔야 한다. 그리고 하나님의 뜻에 따라 큰 믿음으로 크게 구하여 크게 축복을 받아야 한다. 그리고 내가 받은 축복을 나누는 것이 하나님의 뜻이다. 큰 믿음으로 세상의 선한 영향력을 미치는 삶을 살기를 바라신다.

성경에 답이 있다. 성경에서 더 크게 성공하는 법을 찾고 배워서 나누는 삶을 살아야 한다. 이 책에 내가 성경에서 찾은 물질적인 축복을 받는 법을 담았다. 책은 총 5장으로 구성되어 있다. 1장에서는 대부분의 그리스도인이 가난한 삶을 사는 이유에 대해서 다루었다. 2장에서는 가난한 사고를 버리고 성공을 꿈꾸는 방법을 알려준다. 그리고 3장과 4장에서는 성경에서 찾은 더 크게 성공하는 방법에 대해서 구체적으로 설명했다. 마지막 장인 5장에서는 우리가 성공해야 하는 궁극적인 이유와 참된 행복을 누리는 방법을 제시했다.

미국의 제2대 대통령 존 애덤스는 이렇게 말한다. "성경은 세계에서 가장 훌륭한 책이다. 거기에는 온 세계의 도서관보다 더 많은 내용이 담겨 있다." 성경에는 온 세계의 도서관보다 더 많은 내용이 담겨 있다. 성경을 기록하게 하신 하나님은 가장 지혜로우신 분이시며 가장 크신 분이시기 때문이다. 성경에 기록된 대로 생각하고 행동하면 우리 삶의 모든 문제들은 해결된다. 더 크게 성공하고 더 크게 나누는 참된 축복의 삶을 살 수 있다. 나는 모두가 풍요롭고 행복한 삶을 살기를 바라는 마음으로 원고를 썼다.

내 인생의 목표인 '사람들을 도울 수 있는 책 출판하기'가 이루어져 감사하고 기쁘다. 나는 '언젠가는 책을 써야지.'라는 마음으로 책 쓰기를 버킷리스트에 기록했었다. 그 '언젠가'가 '지금'이 되어 책을 쓸 수 있도록 처음부터 끝까지 지도해주신 〈한국책쓰기1인창업코칭협회〉의 김도사님 (김태광 작가)과 열정적인 강의로 동기부여를 해주신 권동희 대표님께 진심으로 감사드린다. 그리고 이 책을 선정해주시고 도움을 주신 〈굿위즈덤〉의 모든 분들께 감사드린다. 마지막으로 늘 전적으로 믿어주시고 격려해주신 부모님과 존재 자체만으로도 내게 기쁨을 주는 사랑하는 아내와 아들에게 감사의 마음을 전한다. 무엇보다 내 삶의 주관자이신 하나님 아버지께 감사와 찬양을 드린다.

2021년 7월

목 차

2장 하나님 크기의 성공을 꿈꿔라

5장 나는 축복을 나누는 그리스도인이다

The Biblical Principles of Finance

- 1장 -

그리스도인,
가난한 삶을
사는 이유

The Biblical Principles of Finance

그리스도인이
가난한 삶을 사는 이유

"자넨 예수 믿는다면서 왜 그렇게 가난한가?"

기독교 신자인 우리 어머니에게 불교 신자인 큰어머니가 하신 말씀이다. 어머니는 평생 동안 열심히 신앙생활을 하시고 전도하셨다. 얼마나 열심이신지 1988년에 여성으로서 목사 안수를 받으시고 1년 후인 1989년에 교회 개척을 하셨다. 열정 넘치는 목사로서 많은 사람들에게 선한 영향력을 끼치셨다. 그러나 정작 친지인 큰어머니에게는 가난 때문에 무시를 당하신 것이다. 어머니는 큰어머니의 이 말을 자녀들인 우리에게 자주 하셨다. 속이 많이 상하셨던 모양이다.

왜 신앙심 깊은 어머니는 가난하게 사셨을까? 어머니가 목사로서 성도들에게 기도해주시며 조언해주셔서 재정적으로 복을 받은 분들이 많다. 그러나 정작 어머니 자신은 가난하시니 나는 도무지 이해가 되지 않았다. 물론 어머니는 재정적 어려움 속에서도 하나님의 도우심으로 지금까지 살아오셨다. 그런 경험들을 책으로 펴낸다면 몇 십 권은 될 것이다. 그러나 가난을 극복하진 못하셨다.

'도대체 무엇이 문제일까?' 나는 생각하고 생각했다. 그러던 어느 날 어머니가 언젠가 내게 하신 말씀이 생각났다. "하나님은 내게 꼭 필요한 돈만 주시고 큰돈을 한 번에 주시지는 않으시더라." 그렇다. 바로 이것이 어머니가 가난한 이유 중 하나였다. 어머니는 가난한 의식을 가지고 있었던 것이다. 물론 목사이신 어머니는 재물 욕심이 없으시다. 꼭 필요한 것만 있으면 자족할 줄 아시는 분이시다. 그러나 목사라고 가난해야만 하는 것일까? 목사가 가난하면 하나님의 영광을 드러내는 것인가? 나 또한 목사지만 그렇게 생각하지 않는다. 오히려 재정적으로 풍요로우면 교회를 더 아름답게 세우고 많은 사람들을 도우며 열매 맺는 목회를 할 수 있다고 생각한다.

그러나 어느 순간 나의 삶을 돌아보니 나 또한 어머니의 가난한 삶을 그대로 반복하고 있었다. 영적인 일들에는 특별한 열심이 있었지만 재정적인 면에서는 가난한 사고로 하나님의 능력을 제한하고 있었던 것이다. 목사도 사람이다. 가족을 책임져야 하고 생활하는 데 재정이 필요하다. 또한 목회를 하려면 어느 정도 재정이 있어야 한다. 재정적 결핍은 영적인 사역에도 큰 영향을 미친다. 영적인 사역에서 할 수 있는 일이 제한되는 것이다.

평신도들도 마찬가지다. 가난한 삶이 아니라 풍성한 삶을 살아야 한다. 그럴 때 영적인 영역뿐만 아니라 재정적인 영역에서도 교회를 아름답게 섬길 수 있다. 그리고 재정적인 영역에서 세상의 빛과 소금의 역할도 감당할 수 있다. 그러나 그리스도인들 중에 가난한 사고를 극복하지 못해서 재정적인 어려움을 겪는 안타까운 경우가 많다.

심리학 박사인 이요셉 · 김채송화는 『머니패턴』에서 이렇게 말한다. "당신에게 돈이란 무엇인가? 삶은 우리가 정한 선로를 따라간다. 선로를 완전히 이탈하는 일 또한 많지 않다… 돈에 대한 생각, 바로 그것이 당신이 돈을 버는 습관과 쓰는 습관을 좌우한다… 가난, 불행 또한 패턴이다."

이요셉 · 김채송화는 "머니패턴이란 과거부터 현재까지 돈을 벌고 쓰는 행동이 규칙적, 고정적으로 반복되어 패턴화된 것을 뜻한다"고 설명한다. 돈에 대한 심리적인 패턴이 자신의 재정적인 면을 좌우한다는 것이다. 저자 이요셉은 많은 수입을 올리면서도 풍요로운 부를 이루지 못했다고 한다. 자신의 머니패턴이 부정적이었기 때문이었다고 한다. 그래서 가장 먼저 해야 할 것은 자신의 머니패턴을 점검하는 것이다. 사고에서부터 모든 것은 시작되기 때문이다. "생각이 바뀌면 운명이 바뀐다."라는 말이 있다. 그러니 먼저 가난을 가져오는 생각을 버리고 풍요를 불러오는 생각으로 바꿔야 한다. 그것이 지금 우리가 풍요로운 삶을 살기 위해서 가장 먼저 해야 하는 일이다.

그리스도인들 중에는 돈에 대해 부정적인 생각을 가지고 있는 경우가 많이 있다. 내가 아는 성도들 중에는 가난 때문에 힘겨워하면서도 돈에 대해서는 부정적인 의식이 팽배한 분들이 많다. 그래서 재정적인 악순환을 겪고 있다. 기도 부탁을 하면서도 정작 돈에 대해 부정적인 모순으로 어려움을 자초한다. 그래서 꼭 필요한 재정만 응답받고 생활은 더 나아지지 못한다. 결국 다시 재정적인 어려움은 반복되는 것이다.

나 또한 어린 시절부터 교회에서 돈과 부자에 대해 부정적인 말을 많이 들었다. 그래서 그런지 돈과 부에 대해서 부정적인 생각을 가지고 있었다. 그래서 목사가 된 후로 성도들이 재정적인 어려움에 대한 이야기를 하면 구체적인 조언을 해주지 못했다. 그저 "기도하겠습니다.", "하나님께서 도우실 것입니다."라고 했을 뿐이다.

나는 목회학 석사와 가족상담학 석사를 했다. 상담대학원과 상담센터에서 수련을 받을 때 교수님들이 대학생들의 가정형편에 대해서도 알아야 한다고 하셨다. 대학생들의 가정형편은 심리와 삶에 큰 영향력을 끼치기 때문이다. 그렇다. 전문 상담이든 교회 성도를 상담하든 재정적인 부분은 우리 삶의 매우 중요한 영역이다. 재정은 있어도 되고 없어도 되는 것이 아니다. 반드시 필요한 것이다. 재정의 결핍은 건강한 삶을 살 수 없게 한다. 그러므로 그리스도인에게도 재정적인 부분은 매우 중요하다. 무엇보다 기독교는 균형 잡힌 신앙생활이 중요하다. 재정적인 부분을 터부시한다면 그리스도인으로서 중요한 삶의 영역을 놓치게 되는 것이다.

그리스도인들이 풍요로운 사고를 하기 위해서는 돈에 대한 올바른 성경적 관점을 가져야 한다. 성경에서 돈이나 부자에 대해 부정적으로 말씀하시는 것은 대부분 두 가지의 잘못 때문이다. 돈을 하나님보다 사랑하거나, 돈을 하나님과 동일하게 섬기는 것이다. 쉽게 말해서 돈을 우상화하는 것에 대해 경고하는 것이다. 우리는 돈의 노예가 되지 말아야 한다. 오히려 우리가 돈의 주인이 되어 돈을 다스릴 수 있어야 한다.

그러기 위해서는 돈에 대해서 잘 알아야 한다 돈에 대한 부정적인 사고를 버리고 돈을 마주해야 한다. 나는 돈 또한 하나님께서 우리에게 허락하신 선한 도구라고 믿는다. 돈을 지혜롭게 사용한다면 돈은 우리의 삶을 건강하게 하는 선한 도구가 된다고 확신한다.

아무리 신앙이 좋아도 병에 걸리면 병원에 가야 한다. 병에 걸렸는데 병원을 가지 않고 기도원에 가서 기도만 한다면 그것은 올바른 신앙이 아니다. 의학은 하나님께서 우리에게 주신 지혜이자 선한 도구이기 때문이다. 이것을 신학적으로 일반은총 영역이라고 한다. 의학은 하나님께서 악인과 선인에게 동일하게 비를 내려주시는 것처럼 우리 모두에게 주신 선한 도구인 것이다. 물론 하나님께서 특별한 은혜를 주셔서 불치병이 낫는 경우도 있다. 나도 기도하여 병이 낫는 체험을 했다. 또한 목회를 하면서 성도들의 병이 낫는 것을 보았다. 그럴 때마다 하나님의 살아계심과 전능하심을 확인하고 감사한다.

그러나 그것은 특별한 은혜이다. 하나님은 우리에게 의학이라는 도구를 주셔서 병이 나을 수 있도록 하셨다. 그래서 의학이 발전함에 따라 인류의 수명은 그만큼 길어졌다. 의학과 같은 일반적인 은혜는 우리에게 주어진 도구로서 지혜롭게 활용해야 하는 것이다. 돈 또한 바로 그런 의미에서 일반은총 영역이라고 할 수 있다. 일반은총 영역은 우리가 지혜롭게 활용할 수 있어야 한다.

선데이 아델라자 목사는 『Money 돈 벌 이유+돈 쓸 이유』에서 이렇게 말했다. "재정적인 힘이 생기면, 주님의 사람들은 하나님이 주신 소망과 목표, 그리고 목적을 좀 더 쉽게 추구할 수 있다. 하나님의 계획은 대부분 돈이 부족해서 힘든 상황에 빠지곤 한다. 돈은 착한 종이 될 수도, 악한 주인이 될 수도 있다."

그렇다. 우리는 돈의 주인이며 돈을 종으로 부리는 하나님의 자녀이다. 하나님께서 우리에게 맡기신 돈에 대해서 잘 알고 다루어야 한다. 무엇보다 하나님의 계획을 잘 이루기 위해서 풍요로워야 한다. 하나님이 우리에게 주신 소망과 목표, 그리고 목적을 쉽게 이루기 위해서 풍요로운 사람이 되자. 바로 지금, 지금까지 갖고 있던 돈에 대한 의식을 점검해보자. 그리고 내가 돈을 벌고 사용하는 돈의 패턴에 대해서 확인해보자.

만일 우리의 몸이 병에 걸렸다면 그 병에 대해서 정확하게 알고 그에 맞는 치료를 받아야 조금이라도 빨리 나을 수 있다. 장염에 걸렸는데 지사제만 먹는다면 제대로 나을 수 없다. 그러니 우리의 돈에 대한 의식과 패턴을 지금 확인해보자. 당신은 가난을 가져오는 사고를 가지고 있지는 않은가? 그렇다면 지금 이 책을 잘 읽고 있는 것이다. 이 책을 통해 당신의 사고가 가난을 가져오는 사고에서 풍요로움을 불러오는 사고로 변할 것이기 때문이다. 그리스도인들이여, 하나님이 주신 풍요로운 복을 받고 적극적으로 활용하라. 이제는 가난한 삶에서 벗어나 풍요로운 삶을 살아 가자.

02

가난과 부는 선택이다,
부를 선택하라

월풀은 "대체로 말하면 인생은 우리들이 선택하는 대로 되는 것이다."
라고 했다. 삶이란, 수많은 선택이 모여 만들어진 것이다. 오늘의 나의
삶은 어제의 내가 선택한 결과이다. 내일은 오늘 내가 선택한 결과로 달
라질 것이다. 하나님은 언제나 우리에게 선택하게 하신다. 태초의 사람
아담과 하와에게도 하나님은 선택하게 하셨다. 그러나 그들은 잘못된 선
택을 해서 저주받았다. 오늘 우리도 마찬가지다. 자신이 선택한 것에 따
라 삶이 달라진다.

대학교 1학년 때 교수님이 수업 시간에 하신 말씀이 아직두 생생하다.

교수님은 "하나님은 우리에게 항상 A를 주시려고 하신다. 우리가 하나님이 예비하신 A는 아니라도 B정도만이라도 선택하면 좋으련만 C나 D를 선택해서 고난을 자처한다."라고 하셨다. 하나님은 우리를 사랑하신다. 그래서 당신의 독생자 아들까지 내어주셨다. 뿐만 아니라 매순간 우리에게 좋은 것을 주시기를 원하신다. 그런데 우리가 매번 좋지 않은 것을 선택한다면 얼마나 안타까우실까?

나는 특별한 목회를 하고 싶어서 4년 전 교회 개척을 선택했다. 당시 내가 부목사로 사역하던 교회에서 사임할 때 담임 목사님은 2년만 더 있으라고 하셨다. 그러나 나는 교회 개척을 선택했다. 그때의 선택이 지금 내 삶의 방향을 달라지게 했다. 나는 교회를 개척할 때 거주할 집을 구하러 다녔다. 그때 부동산 중개인이 오래된 아파트 매매를 추천했다. 당시 그 아파트의 매매가는 3억 2천만 원 정도였다. 그때 내가 가지고 있는 자금에서 1억 5천만 원 정도 대출을 받으면 매매가 가능했다. 당시 부동산에 대해 무지했던 나와 아내는 오래된 아파트인 데다 대출에 대한 부정적인 생각, 그리고 개척을 해야 하니 대출이자를 갚아 나가기 힘들 것으로 생각해 포기했다. 그리고 더 작은 면적의 빌라를 전세로 계약했다.

4년이 지난 지금 그 아파트는 매매가가 6억이 넘는다. 부동산에 대한 무지와 대출에 대한 부정적인 생각 때문에 큰 기회를 날려버린 것이다.

정말 큰 후회가 남는 선택이었다. 얼마나 어리석은 선택이었는가. 가슴 아픈 일이지만 나의 부정적인 생각으로 가난을 선택한 것이었다. 목사일지라도 어떤 선택을 하는가에 따라 삶이 달라지는 것이다. 가난과 부는 선택하는 것이다. 세계적인 부자인 빌 게이츠는 "태어나서 가난한 건 당신의 잘못이 아니지만 죽을 때도 가난한 건 당신의 잘못이다."라며 우리에게 경종을 울린다. 태어날 때 가난한 것은 내가 선택한 것이 아니지만 이후의 삶은 자신의 선택에 달려있다는 것이다. 정신이 번쩍 드는 명언이다.

그래서 나는 부를 선택하기로 했다. 4년 동안 교회 개척을 하면서 영적인 일도 재정이 필요하다는 것을 뼈저리게 경험했기 때문이다. 돌아보면 하나님께서 주신 기회가 많았다. 4년 전 아파트 매매의 기회처럼 말이다. 6년 전 결혼할 당시에도 비슷한 기회가 있었다.

그 당시에 나는 강서구 발산동에서 신혼집을 구하고 있었다. 근처인 마곡은 아파트 분양을 하고 있었다. 그때 부동산에 대해 어느 정도 알았다면 아파트를 매매할 수 있는 기회가 있었다. 그러나 나의 선택은 전세 계약이었다. 지금 발산동과 마곡의 부동산 가치는 엄청나게 상승했다.

얼마 전 아는 목사님을 만났다. 집주인이 전셋값을 올려 달라고 해서 이사해야 한다며 하소연했다. 이 목사님은 3억 원대의 전세에서 살고 있다. 목사님은 그때 그 아파트 매매가가 4억 원대였다고 한다. 대출을 받으면 매매할 수 있었는데 대출받기가 싫어서 전세로 계약했다고 했다. 지금 그 아파트의 매매가는 7억이 넘는다. 심지어 전세가는 당시 매매가인 4억 원대라고 한다. 내 경험과 비슷해서 안타까웠다. 그래서 목사님을 위로했다. 하소연하던 목사님은 "다 하나님의 뜻이지 뭐."라고 했다.

과연 매매가 아닌 전세를 택한 것이 하나님의 뜻일까? 우리의 잘못된 선택은 아닐까? 목사는 아파트를 사서 재산을 늘리면 안 되는 것일까? 그렇지 않다. 하나님은 우리가 잘 되기를 바라신다. 우리에게 재정적인 부를 이루도록 기회를 주신다. 우리가 가난을 선택해 가난하게 사는 것을 원하지 않으시리라 믿는다. 우리가 재정적인 부를 이루면 선한 일을 더 많이 할 수 있기 때문이다.

우리는 모두 선택의 기로에 있다. 어떤 선택을 하느냐에 따라 우리 삶의 질은 달라진다. 상담사로 근무하는 곳에서 나와 비슷한 선택으로 부를 이루지 못한 상담사와 대화를 나눈 적이 있다. 그분은 목동에 산다. 1990년대 목동으로 이사했다고 한다. 목동은 우리가 잘 알듯이 강남 다음으로 학군이 좋아 아파트 가격이 엄청나게 상승한 곳이다. 그래서 나는 당연히 그분도 좋은 결과를 얻었을 것이라 생각했다.

그분은 그때 1억 원대로 아파트를 매매했다고 한다. 그런데 얼마 지나지 않아서 그분의 남편이 아파트를 팔고 더 넓은 아파트를 전세로 계약했다고 한다. 전세로 이사하자마자 목동 아파트 매매가가 엄청나게 상승했다고 한다. 그런 일들이 두세 번 있었다고 한다. 남편이 부동산에 관심이 없어서 많은 기회를 놓쳤다며 아쉬워했다.

그렇다. 기독교인이든 비기독교인이든 부를 이룰 기회는 있다. 기회를 만났을 때 어떤 선택을 하느냐가 당락을 결정한다. 하나님께서는 공평하신 분이시기 때문이다. 모두에게 기회를 주시고 선택하게 하신다. 그래서 우리는 가난과 부를 선택해야 하는 것이다. 비단 부동산뿐만이 아니다. 어떤 직업을 선택하느냐? 어떤 투자를 하느냐? 어떤 사람을 만나느냐? 어떤 사업을 선택하느냐? 모든 것이 선택에 달려 있다.

우리가 재정적으로 풍요롭기 위해 얼마나 많은 공부를 하는가? 초등학교 6년, 중학교 3년, 고등학교 3년 등 대학교를 제외하더라도 12년이라는 긴 시간동안 공부를 한다. 대학교를 더하면 16년이다. 물론 학교 공부는 재정적인 부를 이루기 위해서 하는 것만은 아니다. 그러나 좋은 직업을 얻기 위해 공부한다는 것을 부인할 수는 없다.

인터넷에 학교 급훈을 검색해보면 웃픈(웃기지만 슬픈) 급훈이 많이 나온다. "삼십분 더 공부하면 내 남편 직업이 바뀐다.", "10분 더 공부하면 마누라 얼굴이 바뀐다." 좋은 급훈도 많지만 씁쓸한 급훈도 눈에 띤다. 지금 내가 무엇을 선택하느냐에 따라 미래가 달라진다는 것이다. 부동산은 우리가 직장을 다니며 평생을 모아도 이루기 힘든 부를 이룰 수 있게 한다. 무엇보다 집은 우리의 삶의 기초이다. 그런네 부동산에 대해서는 공부하지 않는 것은 안타까운 일이다. 한두 번의 선택으로 삶이 달라지는데 말이다.

　가난과 부는 선택하는 것이다. 나는 가난을 선택해 재정적으로 힘겹게 사는 경우를 많이 봤다. 나부터 부를 선택하지 않아서 재정적인 결핍을 겪어 왔다. 지나간 일들을 후회할 필요는 없다. 하지만 과거를 성찰하면 좋은 선택을 할 수 있는 분별력이 생긴다. 거기서 교훈을 얻고 더 나은 삶을 살아야 하지 않겠는가. 늦었다고 생각할 때가 가장 빠르다. 지금이라도 가난이 아닌 부를 선택한다면 부를 이룰 수 있다. 하나님께서 우리에게 계속 기회를 주시기 때문이다. 우리는 선택해야 한다. 당신은 어떤 것을 선택하겠는가? 가난을 선택할 것인가? 부를 선택할 것인가? 당신의 선택이 당신의 삶을 결정한다.

　먼저 우리는 보다 좋은 것을 선택해야 한다. 나처럼 부를 선택하기를 바란다. 부를 선택하면 기회는 얼마든지 있다. 기회는 이미 부를 이룬 사람들에게만 있는 것이 아니다.

내가 아는 사람들 중에는 자수성가한 사람들이 많다. 그 중에 〈한책협〉의 김도사(김태광 작가)가 대표적이다. 그는 전문대를 졸업했고 아버지가 남겨준 수천만 원의 빚으로 20대를 보냈다. 그러나 부를 선택하여 45세인 지금 놀라운 성공을 이뤄냈다. 그는 수많은 베스트셀러를 포함해 250권의 책을 출판했다. 뿐만 아니라 지난 10년간 1,100명의 작가를 배출한 책 쓰기 분야의 최고의 코치이다. 현재도 사람들이 책 쓰기로 달란트를 활용할 수 있도록 코치하고 있다. 나도 그에게 배워 이 책을 세상에 내놓을 수 있었다. 내가 그를 만나게 된 것은 큰 축복 중의 하나이다. 그는 자신의 성공뿐 아니라 많은 사람들에게 선한 영향력을 끼치며 성공할 수 있도록 돕고 있다. 나는 그를 보며 도전을 다짐한다. 그리고 나도 할 수 있다는 확신을 가진다.

이제 더 이상 가난한 부모를 탓하지 말자. 풍요롭게 살기로 결심하고 부를 선택하자. 당신도 할 수 있다. 돈의 노예가 되라는 말이 아니다. 돈을 신으로 모시라는 말이 아니다. 오히려 돈이 당신의 노예가 되게 하고 돈을 다스리라는 말이다. 하나님께서 허락하신 선한 도구로서 돈을 부리자는 말이다. 부를 선택하여 풍요롭게 된 사람들이 강력하게 하는 말이 있다.

"돈이 나를 위해 일하게 하라."

"돈을 종으로 부려서 돈을 벌게 하라."

우리도 할 수 있다. 그러자면 먼저 가난이 아닌 부를 선택해야 한다. 부를 선택하면 부를 이룰 수 있는 방법들을 찾게 된다. 거기서부터 변화는 시작되는 것이다.

- 03 -

하나님의 말씀은
보화로 가득하다

하나님의 말씀인 성경에는 보화로 가득하다. 성경 말씀을 묵상하면 우리는 그 보화를 받아 풍성한 삶을 살 수 있다. 성경에 보화가 있고 우리 인생의 답이 있다. 하나님은 우리에게 그 보화를 주시기 위해 성경 말씀을 주신 것이다. 우리가 그 말씀을 믿고 실천할 때 그 보화를 받을 수 있다. 그래서 믿음이 가장 중요한 것이다.

그 중에서도 내가 가장 좋아하는 말씀은 하나님께서 아브라함을 처음 부르시고 하신 말씀이다. "여호와께서 아브람에게 이르시되 너는 너의 고향과 친척과 아버지의 집을 떠나 내가 네게 보여줄 땅으로 가라 내가 너로 큰 민족을 이루고 네게 복을 주어 네 이름을 창대하게 하리니 너는 복이 될지라 너를 축복하는 자에게는 내가 복을 내리고 너를 저주하는 자에게는 내가 저주하리니 땅의 모든 족속이 너로 말미암아 복을 얻을 것이라 하신지라" (창세기 12: 1~3)

하나님께서 아브라함을 부르시고 복 주시기로 약속하셨다. 이처럼 하나님께서 우리를 부르신 목적은 우리에게 복주시고 받은 복을 나누는 삶을 살게 하기 위한 것이다. 물론 이 말씀은 하나님의 구원의 역사에 대한 말씀이다. 그러나 영적인 축복에만 한정된 말씀은 아니다. 아브라함은 실제로 거부가 되었다. 성경에서 말하는 부자는 작은 부자가 아니다. 큰 부자를 말한다. 아브라함이 포로로 끌려간 조카 롯을 구하러 갈 때 집에서 훈련된 자 318명을 거느리고 쫓아가서 구해왔다. 집에 무려 318명이나 거느리고 있었던 것이다. 엄청난 부자였던 것이다.

나는 이 말씀이 어찌나 좋았는지 아들의 태명을 '복근이'라고 지었다. 그리고 집단 상담을 받을 때 별명을 '복근이'라고 지었다. 집단 상담에서는 실명이 아닌 별명을 부른다. 내 별명을 보고 희한하다는 표정으로 내 배를 쳐다본다. 배에 있는 근육을 생각한 것이다. 그러나 '복근이'는 '복의 근원'을 줄인 말이다. 지금의 성경이 개정되기 전에는 "복의 근원이 될지라"로 번역되어 있었다. 성경은 우리를 향한 하나님의 사랑의 메시지가 담겨 있다. 또한 우리가 확신할 수 있도록 강력하게 말씀하신다.

내가 좋아하는 또 다른 말씀은 성경 누가복음에 나오는 예수님의 말씀이다. "그러므로 내가 너희에게 말하노니 무엇이든지 기도하고 구하는 것은 받은 줄로 믿으라 그리하면 너희에게 그대로 되리라" (마가복음 11:24)

예수님은 무엇이든지 기도한 것은 받은 줄로 믿으라고 하신다. 그러면 그대로 된다고 말씀하신다. 얼마나 보화와 같은 말씀인가? 성경에는 기도 응답의 확신이 기록되어 있다. 우리가 온전히 믿지 못해 걱정하고 염려해서 받지 못하는 것이다. 걱정하고 염려할 때 그 느낌은 생생하다. 이미 잘못된 일이 벌어진 것처럼 느끼고 믿는다. 부정적인 것을 선택한 것이다. 자기도 모르게 기도가 응답되지 않으리라고 불신하게 되는 것이다. 그러니 기도한 것이 응답될 수 없다.

부끄러운 이야기지만 나 또한 그럴 때가 많았다. 믿음으로 행동하지 못하고 적당하고 안전한 선택을 해서 가난을 벗어나지 못했다. 부모로부터 물려받은 가난한 사고로 가난을 선택했던 것이다. 그러나 하나님은 부유한 분이시다. 이 세상의 모든 것이 하나님의 것이다. 하나님의 손 안에 있다. 하나님이 말씀하셨으면 말씀하신 대로 된다.

성경의 민수기 23:19에서는 이렇게 말씀한다. "하나님은 사람이 아니시니 거짓말을 하지 않으시고 인생이 아니시니 후회가 없으시도다 어찌 그 말씀하신 바를 행하지 않으시며 하신 말씀을 실행하지 않으시랴"

우리는 흔히 '화장실 들어갈 때 마음이 다르고 나올 때 마음이 다르다'고 한다. 실제로 사람들이 그렇게 행동하는 경우가 많다. 그래서 우리가 상처받는 경우가 얼마나 많은가. 부모도 사랑하는 자녀에게 약속을 못 지킬 때가 있다. 부모도 사람이기 때문이다. 상황이 안 좋아져서 어쩔 수 없이 못 지킬 때도 있다. 혹은 너무 바빠서 약속한 것을 잊어버릴 수도 있다. 이런 것이 몇 번 반복되면 자녀는 상처받아서 부모를 믿지 못한다. 부모만 그렇겠는가? 사람은 한계 때문에 어쩔 수 없이 약속을 못 지킬 때가 있다.

그러나 하나님은 사람이 아니시다. 한계가 없으시다. 전능하신 분이시다. 결코 약속을 잊어버리지 않으신다. 그러므로 성경에 기록된 말씀은 반드시 이루어진다. 그러니 우리는 성경 말씀을 믿고 그 안에 담겨 있는 보화를 받아 마음껏 누리면 된다. 기도하고 믿을 때 그대로 된다고 말씀하셨기 때문이다.

어느 날 한 성도가 내게 이런 말을 했다. "목사님 성경과 현실은 괴리감이 있습니다."

그 성도는 재정적인 어려움을 겪고 있었다. 일주일 전에 기도 응답에 대한 말씀을 들었는데 어려움이 해결되지 않아서 속상했던 것이다. 그 성도의 현 상황을 잘 아는 나는 안타까워서 그저 위로해주었다. 성경과 현실은 괴리감이 있다는 그분의 말도 이해가 간다. 그러나 기도는 응답될 때가 있는 것이다. 우리에게는 기다림과 인내의 시간이 필요하다.

성경 히브리서에는 아브라함이 하나님의 약속을 받은 것에 대해서 이렇게 말씀한다. "이르시되 내가 반드시 너에게 복 주고 복 주며 너를 번성하게 하고 번성하게 하셨더니 그가 이같이 오래 참아 약속을 받았느니라"(히브리서 6:14~15)

이 말씀처럼 아브라함이 약속을 받기까지 시간이 걸렸다. 그러나 하나님은 아브라함에게 약속하신대로 이루어주셨다. 아브라함은 '오래 참아' 약속을 받은 것이다. 우리의 기도도 이루어지는 시간이 필요하다. 인내해야 할 때가 있는 것이다.

예수님은 "네 믿음대로 되라"(마태복음 9:29)고 말씀하셨다. 이 말씀은 예수님이 맹인들에게 하신 말씀이다. 맹인들은 예수님을 절대적으로 믿었다. 예수님의 말씀대로 맹인들의 '눈들이 밝아졌다.' 기도응답은 맹인이 두 눈이 뜨여질 때만 가능한 것인가? 가만히 생각해보자. 맹인의 눈이 뜨여지는 것이 쉬운가? 재정적인 어려움이 해결되는 것이 쉬운가? 하나님은 전능하신 분이시다. 만물의 주인이시다. 모든 것이 하나님의 것이다. 그리고 우리는 그분의 자녀이다. 자녀에게 필요한 것이라면 부모는 반드시 준다. 능력이 된다면 말이다. 부모는 능력이 넉넉하지 않아서 주지 못할 수도 있지만 하나님께는 불가능이 없다.

그러니 무엇이든지 믿는 대로 되는 것이다. '나는 안 돼. 이 어려움은 극복할 수 없을 거야. 방법이 없어. 그러면 그렇지 내가 하는 일이 잘 될 리가 있나.'라고 믿으면 그대로 된다. 자신감을 잃고 부정적인 에너지를 끌어오기 때문이다. 그래서 능력이 있어도 하는 일이 잘 안 풀린다. 믿는 대로 되는 것이다. 반대로 '나는 할 수 있어. 나는 하는 일마다 잘 돼. 이 어려움도 곧 지나갈 거야. 그리고 더 좋은 일들이 일어날 거야. 더 잘 될 거야.'라고 믿으면 자신감이 생기고 좋은 에너지를 얻는다. 결국 믿는 대로 이루어질 것이다.

나는 오랫동안 가난의 장벽을 깨지 못했다. 가난한 사고로 가난한 삶을 살았다. 앞서 이야기한 것처럼 부동산 지식이 없어서 부정적인 생각에 좋은 기회들을 날려버렸다. 그러나 부를 선택하기로 하고 부요한 의식을 키웠다. 그리고 부동산 공부를 했다. 얼마 전 새로운 마음으로 다시 시작하기 위해 교회 이전을 준비하며 거주할 집을 구하러 다녔다. 그런데 나의 재정에 맞는 집들은 마음에 들지 않았다. 그러나 포기하지 않았다. 풍요로운 사고로 부를 선택했기에 반드시 되리라 믿고 기도하며 방법을 찾았다. 그때 내가 찾은 방법은 아파트 청약이었다. 아파트를 청약받는 방법에 관한 책들을 여러 권 읽었다. 그리고 틈날 때마다 부동산에 관련된 TV 프로그램을 시청했다. 그 결과 꿈만 같은 일이 일어났다. 청약에 당첨된 것이다. 당첨된 곳은 위치가 좋고 호재가 많아 경쟁률이 상당히 높은 곳이다. 게다가 내가 살고 있는 지역이 아니라 당해에서도 밀린다.

그러나 믿음을 갖고 전략적으로 접근해 관심이 적은 평형대에 청약을 신청했더니 당첨된 것이다. 내 생애 최초의 집을 새 아파트로 장만하게 되었다. 하나님의 말씀을 믿고 구하고 찾고 두드렸더니 응답해 준 것이다. 당신도 할 수 있다. 나처럼 해보자. 반드시 좋은 결과가 있을 것이다.

이처럼 성경에는 보화로 가득하다. 받았다 믿고 구하면 응답이 온다. 이렇게 내가 공부하여 알게 된 것들과 경험한 것들을 나누고 싶다. 내가 성경에서 찾은 보화와 경험, 그리고 지식은 우리 모두에게 도움이 되리라 믿는다.

가난의
장벽을 깨라

가난은 거대한 장벽과 같다. 가난이 지속되면 마치 도무지 뛰어넘을 수 없는 장벽처럼 우리를 두렵게 한다. 그러면 다시 가난한 사고와 가난한 마음이 점점 더 거대한 장벽이 된다. 이것이 어떻게 해서든 가난의 장벽을 깨야 하는 이유이다.

우리 집은 속된 말로 "찢어지게 가난했다." 나는 형이 군대에 입대하기 전까지 내 방을 가져본 적이 없다. 다섯 살 때는 다섯 식구가 한 방에서 살았고 화장실은 밖에 있었다. 그것도 재래식 화장실이었다. 그래서 어린 나는 밤에 화장실 가는 것이 정말 무서웠다. 초등학교 2학년 때 이사

간 곳은 반지하로 방이 두 개였지만 누나 외에 네 명이 한 방에서 지냈다. 초등학교 5학년 때 어머니가 목사 안수를 받고 교회를 개척했다. 그때는 깊은 지하였는데 반은 교회 예배당으로, 반은 집으로 사용했다. 보일러가 없어서 전기장판만으로 한겨울을 보냈고 물을 끓여서 씻었다. 게다가 형과 나는 계단 밑 창고를 방으로 사용했다. 그 방은 형과 내가 누우면 움직일 수조차 없이 좁았다. 게다가 계단 밑이라 비스듬해서 일어나면 머리가 닿았다. 그곳에서 청소년기를 보냈다.

나는 가난이 싫었다. 그런데 돈에 대한 막연한 두려움도 있었던 것 같다. 학창 시절부터 항상 작은 돈이라도 비상금을 마련하려고 했다. 그래서 초등학교 4학년 때부터 중학교 1학년 때까지 신문배달을 했다. 고등학교 때는 안 해본 아르바이트가 거의 없었다.

그러다 보니 가난에 점점 더 익숙해져 갔다. 그 결과 교회 전임사역을 할 때 매우 작은 사례금이었지만 만족할 수 있었다. 가난을 당연한 것으로 받아들인 것이다. 그 영향은 가난의 장벽을 반드시 깨버리겠다고 결심할 때까지 지속됐다. 그래서 아파트를 살 기회를 놓친 것이다. 대출을 받는 것이 두려웠고 비상금 없이 살아가는 것이 두려웠던 것이다.

그러나 분명히 알아둬야 할 것은 대출이 무조건 나쁜 것이 아니라는 것이다. 대출에는 나쁜 대출이 있고 좋은 대출이 있다. 가난의 장벽을 뛰어넘기 위해서는 좋은 대출이 필요하다. 부자들은 소위 말하는 대출로 레버리지를 삼아 투자해 더 큰 부를 이룬다. 집을 장만하기 위해서 하는 대출은 좋은 대출 중의 하나이다. 그러나 나는 그저 대출이자 갚는 것이 부담스러워 대출을 하지 않았던 것이다. 가난에 익숙했기 때문이다. 가난의 장벽을 자연스럽게 여기고 체념하고 있었던 것이다.

나폴레옹 힐은 "가난하게 태어난 것이 치욕은 아니다. 가난을 숙명으로 받아들이는 것이 치욕이다."라고 했다. 그렇다. 가난의 장벽 중의 가장 무서운 것은 마음이다. 기회가 와도 미리 겁먹고 포기하기 때문이다. 자신도 모르게 재정적인 부분에서 자신감이 저하되어 있는 것이다.

심리학에는 자기효능감이라는 개념이 있다. 자기효능감이란 어떤 상황에서 적절한 행동을 할 수 있다는 기대와 신념을 말한다. 캐나다의 심리학자 앨버트 밴듀라가 제시한 개념이다. 자기효능감이 저하되면 '나는 안 돼. 내가 하는 일이 그렇지.'라는 자기에 대한 부정적 신념이 마음 깊이 자리 잡는다. 그래서 결정적일 때 주저하다가 중요한 기회를 놓치게 되는 것이다. 이것이 가난의 가장 큰 장벽을 만든다. 이 장벽을 깨야 한다. 나처럼 가난의 장벽이 있음을 깨닫고 반드시 깨리라는 결단을 해야 한다. 그리고 기회를 잡아야 한다.

이탈리아 토리노 박물관에 그리스 신화에 나오는 리시포스 작품이 있다. 바로 기회의 신 카이로스 조각상이다. 이 조각상의 모습이 흥미롭다. 벌거벗은 남성의 모습으로 앞머리는 머리숱이 무성하고 뒷머리는 대머리이다. 어깨와 양발 뒤꿈치에는 날개가 달려있다. 그리고 그는 양손에 저울을 들고 있다. 카이로스 조각상 아래에는 이런 글귀가 새겨져 있다.

"내가 벌거벗은 이유는 쉽게 눈에 띄기 위함이고, 나의 앞머리가 무성한 이유는 사람들이 나를 보았을 때 쉽게 붙잡을 수 있게 하기 위함입니다. 나의 뒷머리가 대머리인 이유는 내가 지나가고 나면 다시는 붙잡을 수 없도록 하기 위해서이며, 날개가 달린 이유는 최대한 빨리 사라지기 위해서입니다. 나의 이름은 바로 '기회'입니다."

독특한 조각상의 모습에는 매우 중요한 의미가 있었던 것이다. 그렇다. 기회는 포착을 잘 해야 한다. 부자들은 기회를 잘 포착한다. 기회라고 생각되면 주저하지 않고 과감하게 잡는다. 그러나 안타깝게도 자기효능감이 낮은 사람들은 기회가 와도 주저하다가 놓치고 만다. 기회는 누구에게나 오지만 우물쭈물하다가 놓치는 것이다.

데일 카네기는 기회에 대해서 이렇게 말했다. "좋은 기회를 만나지 못했던 사람은 하나도 없다. 그것을 잡지 못했을 뿐이다."

데일 카네기의 말처럼 기회는 누구에게나 오는 것이다. 다만 그 기회를 과감하게 잡느냐 아니면 리스크를 두려워해서 주저하다가 놓치느냐의 차이이다. 그 차이가 가난과 부를 결정짓는다.

기회(機會)의 한자 기(機)는 위기(危機)라는 단어에도 쓰인다. 기회와 마주친 순간은 위기가 될 수도 있는 것이다. 아파트를 사기 위해서는 위기로 느낄 수 있는 대출을 해야 한다. 어떤 투자도 마찬가지다. 어느 정도 리스크 없이 이익을 얻을 수 있는 길은 복권 외에는 없을 것이다. 그러므로 자기효능감이 중요한 것이다. '나는 할 수 있다.'라는 자기효능감이 있으면 과감하게 실행해 기회를 잡을 수 있는 가능성이 매우 높아지는 것이다.

가난의 장벽은 마음의 장벽이다. 자기 마음에 있는 장벽은 누구도 대신해서 깨뜨릴 수 없다. 자기 스스로 세운 장벽이기 때문이다. 우리는 이 가난의 장벽을 깨야 한다. 가난한 마음을 버리고 풍요로운 마음으로 자기효능감을 높여 기회를 잡아야 한다.

자기효능감을 높이기 위해서는 성취경험을 많이 하고 목표를 이룬 사람들을 시각화하는 것이 좋다. 또한 타인에게 격려와 칭찬을 많이 받을수록 발달한다. 먼저 자기 스스로 격려하고 칭찬하는 것이 어떨까? 셀프

리더십이라는 말이 있다. 자기 스스로에게 리더십을 발휘하여 자신을 이끌어가는 것이다. 그러나 무엇보다 자기마음의 상태를 잘 관리하는 것이 중요하다. 성공한 사람들은 자기마음의 상태를 잘 컨트롤한다. '나는 할 수 있다.', '나는 매일 조금 더 나아지고 있다.'라고 매일 스스로에게 선포한다면 자기효능감이 높아질 것이다.

나는 자기효능감을 위해 매일 이 성경 말씀을 선포했다. "내게 능력 주시는 자 안에서 내가 모든 것을 할 수 있느니라"(빌립보서 4:13)

이 말씀을 선포하면 마음이 평안해지고 자기효능감이 높아졌다. 전능하신 하나님께서 내게 능력을 주신다고 생각하면 무엇이든지 할 수 있다는 마음이 들었다. 그리고 생생하게 그렸다. 버킷리스트와 보물지도를 만들어서 책상 앞에 붙여놓고 수시로 의식을 확장했다. 그랬더니 나의 마음에 있는 가난의 장벽들이 서서히 깨져갔다. 성경에는 자기효능감을 높이고 기회를 잡을 뿐만 아니라 기회를 만드는 방법도 기록되어 있다. 기회를 만든다는 것이 무엇일까? 바로 지혜를 얻는 일이다. 역사상 가장 지혜로웠던 솔로몬은 하나님께 기도하여 지혜를 얻었다. 성경 역대하에 보면 솔로몬이 어떻게 최고의 지혜를 얻었는지 기록되어 있다. 지혜를 구한 솔로몬을 선하게 여기신 하나님께서는 솔로몬에게 부와 재물과 영광도 주셨다. 그 결과 솔로몬은 전무후무한 풍요로운 왕이 됐다. 신지어 솔로몬의 지혜를 듣기 위해 수만리 떨어진 곳에서 공물을 들고 찾아왔다.

오늘날도 지혜롭기만 하다면 가난한 사람도 부자가 될 수 있다. 성공할 수 있다. 지혜롭기만 하다면 무궁무진한 기회가 있는 것이다. 우리도 얼마든지 솔로몬처럼 부귀영화를 얻을 수 있다. 하나님께서는 우리에게 더 큰 것을 주실 수 있으시고 또 주시기를 원하신다. 우리가 믿고 구하기만 하면 말이다.

그러려면 먼저 가난의 장벽을 깨야 한다. 가난한 사고, 가난을 가져오는 낮은 자기효능감에서 벗어나야 한다. 성경은 하나님께서 '우리가 구하거나 생각하는 모든 것에 더 넘치도록 능히 하실 이.'라고 기록하고 있다. 우리가 더 큰 꿈을 꾸고 더 큰 비전을 품으면 된다. 믿음으로 기도하면 된다. 믿음이 가장 중요하다. 하나님을 믿고 하나님이 도우시는 나 자신을 믿으면 되는 것이다. 하나님은 우리를 위해 더 좋은 선물을 예비해 놓고 계신다. 우리의 가난한 사고가 장벽이 되어 하나님의 선물을 가로막고 있을 뿐이다. 우리의 사고가 먼저 바뀌어야 하나님이 우리 인생을 바꿔주시는 것이다.

우리의 가난한 사고를 버리고 할 수 있다는 풍요로운 사고로 기대와 설렘 속에서 살자. '할 수 있다'는 자기효능감이 기회를 잡을 수 있는 동력이 된다. 지혜로워질 수 있다는 믿음의 기도가 우리를 지혜롭게 한다. 이제 가난의 장벽을 깨자. 자기효능감을 높이자. 자신감을 가지자. 우리에게 더 좋은 기회가 오고 있다. 그 기회를 놓치지 말자. 지혜를 얻어 기회를 만들어내자. 우리는 할 수 있다. 사고를 바꾸면 어제보다 오늘이, 오늘보다 내일이 더 좋아질 것이다.

05

가난을 거룩으로
오해하지 마라

한때 청빈론과 청부론에 대해서 논란이 일었던 적이 있었다. 어쩌면 지금도 기독교인들에게 이 논란은 지속되고 있을지도 모른다. 각각의 주장이 나름대로 성경적 근거가 있기 때문에 누가 옳다고 단정지어 말할 수 없다. 그러나 이 책은 청빈론이나 청부론에 대해서 논하는 책이 아니다. 우리 삶의 필요를 다루는 책이다.

나는 11년 전 전임사역을 시작할 때 기독교 상담을 공부했다. 사실 상담 공부를 시작할 때는 가벼운 마음이었다. 당시에 나는 전임사역을 막 시작해서 새로운 영역의 학위 공부는 부담스러웠다. 그래서 총신대학교 평생교육원에서 운영하는 기독교 상담 과정을 공부했다.

이 과정은 4학기에 3박 4일을 합숙하며 받는 집단 상담을 2회 이수해야 했다. 나는 첫 번째 집단 상담에서 큰 충격을 받았다. 집단 상담에서 생각한 것보다 더 깊은 마음의 상처들을 다뤘기 때문이다. 대부분의 집단 상담 참여자들은 교회 사모님이나 교회에서 중직을 맡고 있는 분들이었다. 그래서 더 큰 충격이었다. 그때 나는 마음 깊이 반성했다. '성도들은 저렇게 해결되지 않은 마음 깊은 문제들이 있는데 그동안 나는 성도들의 마음을 제대로 이해했는가?' 그 과정 이후에 가족상담학 석사과정을 수료하고 수련 상담사로 근무했다. 생각보다 더 많은 사람들이 깊은 아픔과 상처로 고통스러워하고 있었다.

재정적인 부분도 마찬가지다. 재정은 우리의 삶에 중요한 영향을 미친다. 내가 아는 성도들 중에도 재정적인 문제 때문에 힘들게 사는 분들이 많다. 사실 대부분 가난하다. 그러나 교회에서는 오직 영적인 믿음만 강조한다. 그래서 앞서 말한 성도가 성경과 현실은 괴리감이 있다고 말한 것이 아닐까? 교회에서는 영적인 믿음뿐만 아니라 실제 삶도 다루어야 한다. 그렇지 않으면 온전한 교제를 이루는 공동체가 될 수 없을 것이다. 교회에서 삶을 나눌 때와 현실의 삶이 다를 수 있는 것이다. 만일 그렇다면 동창회에 가서 자랑만 하고 오는 것과 무엇이 다를까? 사람은 누구나 어느 정도 가면이 필요하다. 모든 것을 오픈할 필요는 없다. 그러나 가면을 너무 많이 쓰고 있다면 성도의 교제라고 할 수 없다.

지금 당장 책임져야 할 아내와 자녀가 있는데 그것을 무시하는 것이 거룩한 것일까? 물론 하나님이 책임지신다. 때를 따라 꼴을 먹여주신다. 그러나 오늘날 하나님께서는 대체로 사람을 통해 일하신다. 그 사람은 타인만이 아니다. 나라고 하는 사람을 통해서도 일하신다. 내가 복을 받아야 하는 이유이다.

"어려움이 있으면 더 하나님을 의지하게 됩니다." 신앙이 좋은 어떤 성도가 내게 한 말이다. 맞는 말이다. 어려움이 있으면 더 하나님을 의지하게 된다. 나도 그렇다. 그러나 씁쓸한 마음은 떨쳐버릴 수 없었다. 정말 믿음이 좋다면 어려움이 없어도 하나님과 교제하고 하나님의 말씀을 따라야 하지 않겠는가? 만일 어려움이 있어야 더 하나님을 의지하게 된다면 성숙한 신앙이라고 할 수 있을까? 나는 그렇게 생각하지 않는다. 오히려 잘 되고 있을 때 하나님을 더 가까이하는 것이 성숙한 신앙이라고 생각한다.

물론 그 성도가 말한 것이 그런 뜻은 아닐 것이다. 그러나 성숙한 신앙은 한결같이 하나님을 사랑하고 하나님과 교제하며 겸손히 하나님의 말씀에 순종하는 삶이다. 그러므로 가난한 것이 거룩한 것은 아니다. 가난 해야 신앙이 좋은 것도 아니다. 풍요로워졌다고 하나님을 멀리한다면 그 것은 애초에 미성숙한 신앙일 것이다.

교육전도사로 사역할 때 소속된 교단의 노회에서 전도사들을 대상으로 세미나를 개최했다. 당시 세미나 강사는 서울의 꽤 큰 교회의 목사님이셨다. 목사님은 과거에 자신이 경험한 이야기를 하시며 우리에게 교훈을 주셨다.

목사님이 서울의 대형교회 수석목사로 섬길 때 이야기다. 1990년 대후반이었다. 목사님이 한 기수의 제자훈련을 마치고 수료한 성도들을 집으로 초청해서 음식을 대접했다. 모두 기쁘게 교제하며 시간을 보냈다. 그런데 그날 이후부터 한 성도가 교회에 나오지 않았다. 제자훈련까지 수료한 성도가 갑자기 교회에 나오지 않으니 무슨 일이 있는 것은 아닌지 걱정됐다. 그래서 목사님이 그 성도에게 연락을 했다. 여러 번의 연락 끝에 연결이 됐다. 알고 보니 이 성도가 목사님 집의 화장실에 갔다가 시험에 든 것이다. 화장실에 있는 비데가 원인이었다. 아뿔싸! 도대체 비데가 어떻게 시험에 들게 했을까?

당시 비데는 꽤 고가였다. 그런데 목사님이 고가이 제품을 집에서 사용하고 있으니 이 성도가 시험에 든 것이다. 목사님은 당시 세미나에서 자신이 어떻게 비데를 얻게 됐는지 자세히 설명하셨다. 친척 중의 한 분에게 비데를 이사 선물로 받았던 것이다. 그 이야기를 자세히 하면서 목회자는 항상 조심해야 한다고 말씀하셨던 기억이 난다.

그 성도는 제자훈련까지 받았는데 왜 그런 일로 시험에 든 것일까? 목사는 절약해야 거룩한 것이라고 생각한 것은 아닐까? 물론 목사니까 어느 정도 기대하는 바가 있을 것이다. 그러나 가난을 거룩한 것으로 오해하면 안 된다. 오히려 그리스도인은 더 크게 성공해서 나누는 삶을 살아야 한다. 영적인 것뿐만 아니라 모든 것에서 선한 영향력을 끼쳐야 한다. 하나님은 우리가 가난한 사고로 가난하게 살아가기를 바라지 않으신다. 하나님은 우리가 준비만 되어 있다면 더 좋은 것들을 주신다. 가난은 거룩한 것이 아니다. 진정한 거룩은 하나님을 사랑하고 겸손히 하나님과 동행하는 삶이다. 하나님과 동행하는 삶이 가난한 삶은 결코 아니다.

내가 교회를 개척하면서 가장 고민되고 어려웠던 것은 재정이었다. 5년 전 하나님께서 내게 교회 개척에 대한 마음을 주셨다. 그리고 어머니도 이제 부목사 사역은 사임하고 교회 개척을 하라고 권유하셨다. 나는 개척 교회 목사의 아들이어서 교회를 개척한다는 것이 어떤 것인지 누구보다 잘 안다. 게다가 부목사로 사역할 때 당시 교회가 후원하는 미자립 교회를 담당했었다. 그래서 미자립 교회 목사님들과 대화할 기회가 많았다. 그리고 여러 개척 교회에 방문해서 목사님들의 상황을 보고 이야기를 들었었다. 그래서 교회 개척을 열정만 가지고 결정할 수가 없었다. 큰 용기와 결단이 필요했다.

그때 나는 담임 목사님께 양해를 구하고 기도원에 갔다. 부목사였기에 오래 있을 수 없어서 이틀간 금식하며 간절히 기도했다. 교회 개척이 하나님의 뜻인지 확인할 시간이 필요했다. 혹시라도 아내가 반대하면 하나님의 뜻이 아닌 것으로 알고 개척하지 않겠다고 기도했다. 그런데 나보다 더 열정적인 믿음의 소유자인 아내는 말하자마자 승낙했다.

1년이 지나서 교회로 얻은 공간에서 예배드릴 수 있도록 인테리어를 했다. 강대상, 의자, 음향시설, 피아노 등 많은 것을 구입했다. 기독교 성구는 내 생각보다 비쌌다. 나는 조금이라도 싸게 구입하기 위해서 발품을 팔고 인터넷을 검색했다. 정말 많은 시간과 에너지가 소비됐다.

교회를 개척하더라도 돈이 필요하다는 말이다. 제대로 하면 웬만한 창업보다 많은 재정이 소비된다. 하나님의 일을 하더라도 돈이 필요하다. 교회 인테리어를 어떻게 하느냐는 무시할 수 없는 영향력을 미친다. 이것은 부인할 수 없는 사실이다. 지난 4년간 내가 온몸으로 뼈저리게 겪험한 일들이다. 물론 하나님의 돕는 손길이 있다. 그러나 돈에 대한 부정적인 생각을 버리고 돈에 대해서 제대로 알아야 한다. 돈을 다스릴 수 있어야 한다. 하나님이 우리를 창조하실 때 '모든 것을 다스리라'고 하셨다. '모든 것'에 돈이 제외될 수 없다. 돈 또한 하나님이 우리에게 주신 지혜이자 도구이기 때문이다.

도구는 어떻게 사용하느냐에 따라 선과 악이 정해진다. 칼이 무조건 나쁜 것이 아니다. 선하게 사용하면 매우 선한 도구이다. 칼이 위험하다고 우리가 칼을 외면하지는 않지 않는가. 다만 우리가 어린 아이에게 칼을 쥐어주지는 않는다. 어린 아이는 칼을 올바로 사용할 수 없기 때문이다. 돈 또한 마찬가지다. 우리가 준비되면 선한 도구로 사용할 수 있는 것이다. 돈 자체가 악이 아니다. 돈을 신으로 섬기는 것이 잘못된 것이다. 돈을 하나님과 동일한 존재로 여기는 것이 잘못된 것이다.

그러니 가난을 거룩한 것으로 오해하지 않기를 바란다. 우리가 가난하게 사는 것이 하나님의 뜻이 아니다. 가난은 거룩이 아니다. 가난 때문에 하나님을 믿지 못하고 순간순간 걱정할 수도 있다. 가난해서 마음이 강퍅하고 부자들을 정죄하며 인색하게 산다면 오히려 하나님의 뜻을 멀리하는 것이다. 반대로 풍요롭게 살면서 하나님을 가까이 하고 하나님의 뜻을 따라 어려운 사람들을 돕는다면 그것이 거룩한 삶이 될 수 있다.

나는 이 책을 읽는 모든 사람들이 선한 부자가 되기를 바란다. 그래서 선한 일들을 더 많이 할 수 있기를 진심으로 바란다. 돈의 지배를 받는 존재가 아니라 돈을 다스리는 돈의 주인이 되기를 바란다. 우리의 주인은 오직 하나님 한 분뿐이시다. 이제 관점을 바꿔야 한다. 돈이 많고 적고가 거룩의 기준이 될 수 없다. 돈은 하나의 도구일 뿐이다. 하나님이 허락하신 도구이다. 그 돈을 어떻게 사용하느냐가 중요한 것이다. 돈에 대한 부정적인 시각과 사고를 버리자. 돈에 대해서 객관적으로 직면하자. 돈은 본질적으로 악한 것이 아니다. 선한 것도 아니다. 우리가 다스리고 사용할 도구이다.

06

돈에 대한 잘못된 관점이
가난을 가져온다

돈에 대한 당신의 관점은 무엇인가? 저마다 자신만의 돈에 대한 관점이 있다. 돈에 대한 자신의 관점에 따라 삶의 방향은 달라진다. 우리는 돈에 대해 건강한 관점을 가져야 한다. 돈에 대한 잘못된 관점이 가난을 가져오기 때문이다. 상황이나 환경에 의해서만 가난과 부가 결정되지 않는다. 관점이 가장 큰 영향을 미친다. 그래서 내가 생각하는 돈에 대한 관점을 파악해야 한다. 그리고 건강한 관점으로 수정해야 한다. 그렇지 않으면 우리는 가난한 삶을 반복할 수밖에 없다.

나는 어린 시절부터 생활력이 강했다. 초등학교 4학년 때부터 신문배달을 해서 돈을 벌 정도였다. 나는 또래 중에서도 가장 작은 아이였다. 한 겨울에 작은 초등학생이 자전거를 타고 배달을 한다는 것은 보통 일이 아니다. 보통의 초등학생들은 친구들과 노는 것을 얼마나 좋아하는가? 특히나 나는 놀기를 굉장히 좋아하는 아이였다. 매일 같은 시간에 1시간 30분씩 신문배달을 하는 것은 굉장히 힘들었다. 동네에서 신문배달을 하니 학교친구들을 만날 때도 있었다. 그러면 다음날 학교에서 신문팔이라고 소문이 났다. 친구들은 신문팔이라며 놀렸다. 그러면 창피하고 화도 났지만 그만둘 수 없었다. 어머니께 조금이나마 도움이 되어 드리고 싶었기 때문이다.

그런데 소명을 받고 신학대학교에 입학한 후부터 돈에 대해서 말하는 것이 불편해졌다. 신학생이 돈 이야기를 하는 것은 거룩하지 못한 것으로 여겨졌다. 대부분의 부교역자들은 나와 비슷했던 것 같다. 그래서 교회에서 면접 볼 때 사례금이 얼마인지 물어보지 못한다. 교회에서도 정확하게 말해주는 곳이 별로 없다. 교회의 부교역자로 청빙 받아 한 달 후 첫 사례금을 받을 때 알게 되는 경우가 다반사다.

그런데 성경을 보면 생각보다 예수님께서 돈에 대해서 자주 말씀하신 것을 알 수 있다. 무려 3천2백 번 이상 돈에 대해 말씀하셨다. 성경의 중요한 주제인 믿음과 구원에 대해서는 350회 정도 나오는데 말이다. 놀랍지 않은가? 그만큼 돈은 우리 인생에 있어서 중요하다. 그런데 정작 그리스도인이라고 불리는 성도는 돈에 대해 이야기하는 것을 회피하니 아이러니하다. 예수님께서 직접적으로 다루신 돈에 대해 회피하고 있는 것이다. 그러니 가난해질 수밖에 없다.

돈에 대해서 정확하게 알아야 한다. 그래야 돈을 다스릴 수 있다. 그래야 건강한 경제생활을 할 수 있다. 돈에 대해서 모르니 가난해지는 것이다. 설사 돈에 대해서 잘 알고 부를 이룬 사람들도 교회에서는 돈 이야기를 할 수 없을 것이다. 교회에서 돈에 대해 직접적으로 이야기하면 왠지 거룩하지 못한 것으로 여겨지는 분위기 때문이다. 우리는 모든 것에 정직해야 한다. 정직하게 직면할 때 건강한 관점을 가지고 건강한 삶을 살 수 있는 것이다. 대부분의 문제는 회피하는 것에서부터 발생하는 경우가 많다. 문제를 정확하게 파악해야 대안을 마련할 수 있다. 그래서 돈 문제로 곤란을 겪게 되는 경우가 상당히 많다.

교회를 개척하자마자 청년 몇 명과 함께 열심히 전도했다. 교회 근처 가게에 들어가서 전도지와 작은 선물을 나눠주었다. 길거리에서 전도지를 주며 전도했다. 그리고 찬양을 하며 전도하기도 했다. 비가 오나 눈이 오나 전도했다. 상담을 공부한 나는 특기를 살려서 청년들에게 도움이 되는 세미나를 열어서 교회에 초청했다. 비전과 직업, 인간관계, 의사소통 등이 그것이다.

청년들이 열심히 전도하니 관심을 가지는 사람들도 있었다. 그러다 이름만 대도 알 수 있는 몇만 명의 성도가 출석하는 대형교회에 다니는 집사님을 만났다. 이분이 우리 교회에 한 번 오고 싶다고 해서 알려주었다. 그런데 내가 없을 때 교회에 왔다 간 것 같다. 전도를 하다가 다시 만나게 됐는데 대뜸 교회에 대해서 조언을 하셨다. "교회를 개척하려면 지하는 안 됩니다. 대로변에 엘리베이터가 있는 지상 교회를 얻어야 합니다. 주차장도 없던데 요즘은 주차장이 없으면 성도가 안 옵니다."

나에겐 뼈아픈 이야기였다. 나라고 모르겠는가? 오히려 더 잘 안다. 개척교회 목사의 아들이고 부목사 때 미자립교회 후원 담당자였기 때문이다. 그 집사님의 이야기가 내 마음을 후벼 팠다. 우리 교회는 골목길에 있는 허름한 건물의 지하에 있다. 오래된 건물이라 주차장이 없고 엘리베이터도 없다. 사실 모아 놓은 재정 없이 개척해서 교회 내부는 인테리어라고 할 수도 없는 수준이었다. 그저 깨끗하게 청소할 뿐이었다. 강대상과 강단, 의자, 피아노, 음향장비도 간신히 마련한 상황이었기 때문이다.

지금은 신학대학원 동기 목사들 중에도 몇 명이 교회 개척을 했다. 개척해서 어느 정도 성도가 모이는 교회는 대형교회에서 개척을 지원해준 교회이다. 대형교회에서 개척자금을 지원하고 교회 차를 구입해준다. 그 외에도 부목사 월급에 준하는 지원금을 매달 2년 동안 지원한다. 여유가 있는 것이다. 그러니 그 집사님이 말한 모든 조건을 갖춘 곳에서 부러울 만큼 인테리어도 아름답게 했다. 물론 교회가 이런 것들로만 부흥된다고 할 수 없다. 그러나 생각해보자. 당신이라면 어느 교회에 갈 것인가? 교회를 세우는 일에도 돈은 필요하다. 돈에 대해서 회피하거나 부정적인 편견을 가지고 있으면 원하는 것을 이루기 어렵다.

몇 년간 나는 교회 부흥과 전도를 위해서 기도하며 고민했다. 여러 가지 방법들을 찾아 책도 읽고 세미나도 다녔다. 그런데 그 집사님이 해준 뼈아픈 조언이 계속 생각났다. 그래서 나의 관점을 하나하나 점검하기 시작했다. 그러다 돈에 대한 관점이 잘못됐다는 것을 깨달았다. 돈에 대해 무지하니 가난할 수밖에 없었던 것이다.

그래서 돈에 대해서 알고자 돈 공부를 했다. 집 근처의 도서관에서 매주 5권씩 돈에 관한 책을 대출했다. 그렇게 몇 주 도서관에서 책을 빌리니 조금 민망한 마음이 들었다. 돈에 대해 이야기하는 것조차 꺼리던 내가 돈에 관한 책만 대출하니 도서관 직원의 눈치가 보였던 것이다. 그 정도로 돈에 대한 부정적인 관점이 뿌리 깊었다. 돈에 관련된 책을 빌리는 것만으로도 내게는 용기가 필요했던 것이다.

어쨌든 결심했으니 용기를 내 열심히 읽었다. 대출한 책이라 줄을 치거나 메모할 수가 없어서 노트에 기록했다. 부자가 되는 방법과 부의 의식을 일깨우는 방법 그리고 부동산 관련 책과 주식 관련 책들까지 읽었다. 그렇게 일 년 정도 읽으니 저자는 다르지만 공통적인 메시지가 있었다. 그 중의 하나가 돈에 대한 잘못된 관점을 버리라는 것이다. 돈에 대해서 제대로 알고 돈과 친해지라는 것이었다.

어느 날 한 지인이 지속되는 재정적 어려움을 내게 하소연했다. "처음 시작을 (재산)없이 하니 그걸 극복하기가 어려워." 이 지인은 결혼할 때 천만 원을 가지고 했다. 천만 원으로 서울 근교의 월세 집을 임대했다. 그래도 직장이 안정적이고 월급도 평균 이상이었다. 게다가 맞벌이였다. 그래서 금방 재정적으로 풍요로워질 거라 생각했다. 그런데 결혼하고 15년 이상이 지난 지금까지 어렵게 살고 있다. 자녀가 커갈수록 더 어려워진다는 것이다. 그래서 나에게 하소연한 것이다.

지인의 말이 이해가 간다. 오늘날 대한민국 대부분의 가정이 이런 어려움을 겪고 있을 것이다. 직장인의 월급으로는 절약해도 한계가 있을 것이다. 그래서 점점 더 안 되는 이유에 집중하게 된다. 가난에 집중하게 되는 것이다. 그러면 안 될 일만 보이고 돈에 대해 부정적인 관점을 갖게 된다. 이런 관점으로는 가난을 극복할 수 없다.

또 다른 지인은 월급을 계획 없이 다 쓴다. 꽤 많은 월급을 받는데도 40대 후반이 되도록 아직도 월세 집에서 살고 있다. 아직 싱글인데도 말이다. 그가 언젠가 나에게 이런 말을 했었다. "이렇게 안 써도 어차피 없어질 돈이야." 이 또한 돈에 대한 잘못된 관점이다. 그 관점부터 바꿔야 한다.

모든 것은 생각에서부터 시작된다. '극복하기 어려워.', '어차피 없어질 돈이야.'라는 생각이 현실이 된다는 것을 깨달아야 한다. 돈에 대한 부정적인 관점을 버려야 한다. 그리고 돈에 대해 건강한 관점으로 채워야 한다. 그러기 위해서는 풍요를 불러오는 풍요로운 사고를 해야 한다. 그러면 되는 방법을 찾게 된다. 안 되는 이유를 찾는 것이 아니라 되는 방법을 찾아야 하는 것이다.

그리고 돈의 속성을 파악해야 한다. 돈을 다스리고 돈이 나를 위해 일하는 방법을 배워야 한다. 누구에게나 기회는 있다. 어떤 사람이 기회를 잡는가? 자신감이 있어야 날아가는 기회를 포착하여 잡는 것이다. 돈에 대해 부정적이고 잘못된 관점을 가진 사람이 어떻게 기회를 잡을 수 있겠는가? 기회는 날아가고 있는데 눈을 감고 있으니 잡을 턱이 없다. 돈에 대한 잘못된 관점을 건강한 관점으로 바꾸지 않는 한 아무리 노력해도 풍요로워질 수 없다. 가난을 가져오는 관점이기 때문이다. 기회가 와도 '어려울 거야.', '잘못되면 어떡하지?'라는 생각으로 머뭇거리다가 놓치게 될 뿐이다.

　현실은 항상 자신이 생각하던 대로 실현된다. 가난을 극복하고 풍요로운 삶을 살고 싶다면, 무엇보다 돈에 대한 풍요롭고 건강한 생각을 그리며 살아가야 한다. 우리에게는 무한한 가능성이 주어졌다. 하나님께서는 우리 모두에게 달란트를 주셨다. 그 달란트를 활용할 수 있는 방법은 먼저 풍요를 생각하고 내게 무한한 가능성이 있다는 것을 깨닫는 것이다. 당신도 할 수 있다. 당신에게도 무한한 가능성이 있다. 당신의 가능성을 현실로 만들기를 간절히 바란다.

07

성경적 돈에 대한
가치관을 분명히 하라

'과연 성경은 돈에 대해 뭐라고 말씀할까?'

교회를 개척한 후 재정적인 어려움을 겪으면서 돈의 필요성을 깨달은 후 떠나지 않는 질문이었다. 과거의 나는 소명에 불타올라 영적인 일에는 특별한 열심을 가졌지만 돈에 대해서는 터부시했다. 그래서 돈에 대한 추상적인 가치관으로 설교했다. 성도들에게 돈에 대한 실제적인 성경의 메시지를 전하지 못했다. 설교하는 나 자신이 돈에 대한 성경적 가치관이 분명하지 않았던 것이다. 하나님의 말씀인 성경은 현실과 동떨어진 철학이 아니다. 오히려 예수님은 실제적인 복음을 전하셨다. 돈에 대해서 3천2백 번 이상 말씀하셨던 것이 그 증거이다. 예수님은 3년간의 공생애 기간 동안 38편의 비유를 말씀하셨다. 그중에 22편이 돈에 대한 말씀이었다. 돈에 대해서 가장 많이 말씀하신 것이다. 그만큼 돈은 인생에 있어서 터부시할 수 없는 것이다.

나는 돈에 대한 잘못된 관점을 버리기로 결단하고 돈에 관련된 성경말씀을 연구했다. 그리고 돈에 대해 다루는 기독교 서적을 읽으며 연구했다. 그 중에 김동호 목사의『깨끗한 부자』와 김병삼 목사의『하나님, 솔직히 돈이 좋아요!』가 인상 깊었다.

김동호 목사는『깨끗한 부자』에서 "하나님을 잘 믿는 사람은 소명감을 가지고 열심히 돈을 벌어야 한다. 부자가 되어야 한다. 그리고 하나님의 은사로 주신 물질을 선한 청지기처럼 잘 사용하여 세상에 돈이 잘 돌도록 해야 한다."라고 말한다.

하나님을 잘 믿는 사람이 소명감을 가지고 부자가 되어야 한다고 말하고 있다. 물질은 하나님이 은사로 주신 것이므로 잘 사용해야 한다는 것이다. 돈 자체가 악이 아니라 어떻게 사용하느냐가 중요한 것임을 일깨우고 있다. 오히려 하나님은 우리가 깨끗한 부자가 되는 것을 원하신다고 한다.

김병삼 목사는 『하나님, 솔직히 돈이 좋아요!』에서 김동호 목사와 유사한 가치관을 피력한다. "성경은 '돈을 사랑함이 일만 악의 뿌리가 되나니' (딤전 6:10)라고 말합니다. 돈이 나쁜 것이 아니라, 돈을 사랑하는 것이 악이라고 말합니다. … 이런 시대를 살아가고 있는 우리는 하나님께서 허락하신 물질에 대해 더욱 확고한 주관이 있어야 합니다. … 예수님께서 우리에게 '낮아지라'고 교훈하신 것은 '가지지 말아라! 높은 자리에 오르지 마라!'고 말씀하신 것이 아닙니다. 오히려 우리의 태도에 대해 말씀하고 계십니다. 아울러 가지지 말라는 것이 아니라 많이 가지되 그것을 어떻게 사용하느냐가 중요하다는 것입니다."

김병삼 목사 역시 가지지 말라는 것이 아니라 오히려 많이 가지되 어떻게 사용하느냐의 문제를 다루고 있다.

우리가 돈의 지배를 받지 않는 것이 중요하다. 돈의 지배를 받지 않기 위해서 소위 말하는 경제적 자유를 얻어야 한다. 대부분의 부자들은 돈의 지배를 받지 않는다. 오히려 가난에 허덕이면 돈에 집착하고 돈을 좇아가는 삶을 살게 된다. 그러다 보면 돈을 하나님보다 더 중요하게 또는 하나님처럼 여기게 되는 것이다. 거기에서 문제가 발생하는 것이다. 돈 자체가 악이 아니다. 돈을 하나님보다 더 중요시하거나 하나님과 동일 선상에 두는 것이 악이다. 우리는 돈이 우선되어 하나님을 멀리하게 되는 것을 경계해야 하는 것이다.

성경 신명기에는 이렇게 말씀 한다. "네 하나님 여호와를 기억하라 그가 네게 재물 얻을 능력을 주셨음이라"(신명기 8:18)

성경은 하나님을 기억하라고 하신다. 하나님께서 우리 각자에게 재물 얻을 능력을 주셨다는 것을. 그렇다. 우리가 재물을 얻을 수 있는 것은 하나님이 능력을 주셨기 때문이다. 하나님께서 우리에게 건강을 주셨고 재물을 벌 수 있는 여건과 능력을 주셨다는 것이다. 하나님은 우리에게 좋은 것을 주시기를 원하시는 분이다. 하나님이 주신 것을 우리가 받아야 하지 않겠는가. 감사함으로 받으면 버릴 것이 없다.

내 지인 중에는 선물 주기를 좋아하는 분이 있다. 누구나 선물을 받으면 좋아한다. 성경 잠언에도 "선물 주기를 좋아하는 자에게는 사람마다 친구가 되느니라"라고 말씀하고 있다. 선물은 사람의 마음을 기쁘게 한다. 그런데 그 지인은 가끔 과도하게 느껴지는 선물을 줄 때가 있다. 그래서 언젠가 나는 정중하게 거절했다. 미안한 마음이 들기도 하고 선물을 주는 지인의 지출이 많아지는 것이 걱정됐던 것이다. 그런데 선물을 주는 지인의 마음은 그렇지가 않았던 것 같다. 자신의 선물을 거절한 내게 서운해했다. 내 생각이 거기까지 미치지 못했던 것이다. 그래서 이제는 웬만하면 선물은 감사히 받는다.

선물을 거절하면 서운한 마음이 들 수 있다. 사람도 그러한데 하물며 하나님의 선물을 거절한다면 어떻겠는가? 사람의 능력과 재물은 한계가 있지만 하나님은 한계가 없으시다. 하나님은 만물의 주인이시다. 크신 분이시다. 그분의 선물을 거절하는 것처럼 어리석은 것이 없다. 하나님을 서운하게 하지 말자.

또한 하나님께서 우리에게 무언가를 주실 때는 우리에게 필요한 것이기 때문이다. 종종 사람은 나에 대해 잘 몰라서 필요하지 않은 선물을 줄 때도 있다. 그러나 하나님은 나보다 나를 더 잘 아신다. 나의 필요를 정확하게 아신다. 그러니 하나님께서 내게 꼭 필요한 재물을 얻을 능력을 주신 것이다. 하나님이 주시는 것은 적극적으로 받는 것이 좋다. 반대로 하나님이 우리에게 아무리 좋은 것을 주시려고 해도 우리가 받지 않으면 주시지 않는다. 재물 얻을 능력을 받자. 하나님께서 나와 당신에게 주시는 선물이다. 이로 보건대 하나님은 우리가 가난하게 살기를 원하지 않으신다. 돈에 대한 성경적 가치관을 분명히 하자.

성경 마태복음에는 달란트 비유가 나온다. 주인에게 다섯 달란트 받은 사람과 두 달란트 받은 사람, 그리고 한 달란트 받은 사람의 이야기다.

다섯 달란트와 두 달란트 받은 사람은 열심히 장사하여 두 배의 이윤을 남겼다. 그래서 주인에게 잘했다고 칭찬받는다. 그러나 한 달란트 받은 사람은 받은 달란트를 그대로 묻어두었다가 주인에게 보여주었다.

그는 주인에게 그나마 있는 한 달란트까지 빼앗기고 쫓겨났다. 그는 주인이 무엇을 원하는지 모르고 주인에 대해서 오해했던 것이다.

여기에 중요한 메시지가 있다. 주인이 무엇을 원하느냐이다. 주인은 자신이 준 달란트로 장사하여 이익을 남기기를 원했다. 이것이 돈에 대한 성경적 가치관의 핵심이라고 생각한다. 돈 자체를 부정적으로 보거나 가난을 거룩한 것으로 오해하지 말아야 한다는 것이다. 달란트 비유는 모든 사람에게 매우 중요한 경제적 교훈이다. 그래서 3장에서 자세히 다루려고 한다. 중요한 것은 하나님께서 주신 재물 얻을 능력을 적극적으로 활용해야 한다는 것이다. 하나님은 우리가 가난하게 살기를 원하지 않으신다. 풍요롭게 살면서 선한 영향력을 끼치기를 원하신다.

그것이 성경 야고보서에 기록되어 있다. "만일 형제나 자매가 헐벗고 일용할 양식이 없는데 너희 중에 누구든지 그에게 이르되 평안히 가라, 덥게 하라, 배부르게 하라 하며 그 몸에 쓸 것을 주지 아니하면 무슨 유익이 있으리요" (야고보서 2:15 16)

이것이 우리가 재물 얻을 능력으로 해야 할 궁극적인 목표이다. 하나님께서는 우리가 사랑을 베풀기를 원하신다. 사랑은 행동으로 증명하는 것이다. 신명기에는 과부와 고아와 객을 돌아보라고 지속적으로 말씀하신다. 가난 때문에 고통 받는 사람들에게 말로만 하지 말고 쓸 것을 주라 하신다. 말로만 하는 사랑은 아무 유익이 없다는 것이다. 성경 최고의 법은 하나님을 사랑하는 것과 이웃을 자신의 몸과 같이 사랑하는 것이다. 이 법을 실행하기 위해서 우리는 하나님이 주신 재물 얻을 능력을 적극적으로 활용해야 한다. 그래서 더 많이 나누기를 바란다.

성경적 돈에 대한 가치관은 부정적인 것이 아니다. 가난한 삶이 아니다. 하나님이 주신 재물 얻을 능력을 감사히 받아 적극적으로 활용하는 것이다. 우리 각자에게 주어진 달란트를 확인하고 활용하여 이윤을 남기는 것이다. 그럴 때 우리가 하나님의 자녀로서 풍요로운 삶을 누리고 더 나아가 이웃 사랑을 실천할 수 있을 것이다. 물론 가진 재물이 적어도 나눌 수 있다. 콩 한쪽도 나눌 수 있다. 이것은 아름다운 마음의 실천이다. 그러니 더 많이 나누길 바란다. 하나님이 우리에게 선물로 주신 것이다. 이것이 내가 재정적인 어려움을 겪으면서 깨달은 성경적 돈에 대한 가치관이다.

깨끗한 부자가 되자. 선한 영향력을 끼치는 풍요로운 삶을 살자. 진정으로 행복한 삶을 살 수 있는 비결이 여기에 있다. 가난을 가져오는 잘못된 관점과 가치관을 버리자. 그리고 건강한 관점과 성경적 가치관으로 무장하자. 가난의 장벽을 반드시 깨야 한다. 가난은 결코 거룩한 것이 아니다.

하나님은 우리를 풍요롭게 하시는 분이다. 우리에게 재물 얻을 능력을 주셨다. 우리 모두에게 달란트를 주셨다. 그 달란트를 활용하여 이윤을 남기기를 원하신다. 그래서 가난으로 고통 받는 이웃을 넉넉하게 돕기를 원하신다. 우리가 받은 능력과 달란트로 세상의 빛과 소금이 되자. 우리는 할 수 있다. 관점을 바꾸고 가치관을 분명히 하면 반드시 이룬다. 이 책에 그 비결이 담겨 있다. 내가 성경과 책에서 깨닫고 실행했던 것들을 당신과 나누고 싶다. 내 삶의 목표는 이웃을 사랑하고 돕는 것이다. 이제 우리 모두 풍요로운 삶을 살아가자.

The Biblical Principles of Finance

2장

하나님
크기의 성공을
꿈꿔라

The Biblical Principles of Finance

- 01 -

당신의 믿음의
크기는 얼마인가

안톤 체홉은 "사람은 스스로 믿는 대로 된다."라고 했다. 나는 이 말에 전적으로 동의한다. 자신을 신뢰하지 않으면 자신감이 결여될 수밖에 없다. '나는 할 수 없어.'라고 믿으면 정말 할 수 없게 된다. 자신감 없이는 성공할 수도 행복할 수도 없다. 믿음이 가장 중요하다. 안될 거라는 믿음을 버리는 것이 성공을 위한 첫 과정이다. 그러나 나는 그 이상을 말하고 싶다. 더 큰 믿음을 가지자. 큰 믿음으로 큰 성공을 이루기를 바란다.

어머니는 하나님에 대한 믿음이 대단하신 분이다. 실제로 경험한 놀라운 체험들이 많다. 어머니가 신앙의 간증들을 말씀하기 시작하면 끝도 없다. 지금도 많은 성도들이 어머니를 따르고 신앙 상담과 조언을 구하고 있다. 어떤 분은 어머니의 믿음의 기도로 암을 치유 했다. 어떤 분은 재정적인 어려움을 극복하고 건물을 사기도 했다.

특히 나에 대한 어머니의 믿음은 정말 놀라웠다. 나는 사춘기를 겪으면서 가난이 너무 싫었다. 또 목사의 아들이라는 주변의 기대와 참견이 싫었다. 자유를 억압받는 것 같았다. 그래서 고등학교 때 철없는 행동을 많이 했다. 한창 공부해야할 시기에 친구들과 늦게까지 놀아서 어머니는 친구 어머니에게 전화도 자주 받으셨다. 학교에 불려가 선생님의 상담을 받은 적도 있었다. 그런데도 어머니는 한결같이 나를 믿으셨다. "너는 존귀한 하나님의 자녀야!", "너는 하나님께 택함 받았고 귀하게 쓰임 받을 거야!" 그 당시에는 그 말이 별로 귀에 들어오지 않았다. 그러나 성인이 된 후에 큰 힘이 되었다. 결국 나는 하나님을 만나서 놀랄만큼 변했고 목사가 되었다. 어머니의 믿음대로 된 것이다.

가장 큰 믿음 중 하나는 자녀가 변할 수 있다는 믿음 아닐까? 어머니의 믿음은 내가 나를 신뢰하는 데 큰 힘을 주었다. 자녀가 걱정되는가? 자녀가 잘 성장할 것이라는 확고한 믿음을 가져라. 생생하게 믿고 선포하라. 그러면 반드시 믿음대로 될 것이다. 어머니와 대화하면 하나님에 대한 믿음이 얼마나 큰지 놀랍기만 하다. 그런데 안타깝게도 자기 자신의 재정적인 부분에서는 그렇지가 않으셨다. 그래서 평생을 가난하게 사셨다. 만일 어머니가 영적인 것처럼 재정적인 부분도 크게 믿었다면 가난하게 살지 않았을 것이다.

기독교처럼 믿음에 대해 강조하는 종교는 없을 것이다. 나도 믿음에 대한 설교를 가장 많이 했다. 그런데 안타까운 것은 경제적인 면에서는 믿음이 작은 것 같다. 1장에서 말한 것처럼 가난한 사고로 가난의 장벽을 깨지 못하기 때문이다. 또한 돈에 대한 성경적인 가치관이 불분명한 것이 가난한 이유이다. 다시 한번 강조하지만 하나님은 우리가 가난하게 살기를 바라지 않으신다. 오히려 우리가 풍요롭게 살기를 바라신다. 우리가 그 풍요로움을 나눠주며 살아가기를 바라신다. 축복의 통로가 되기를 바라시는 것이다. 영적인 것뿐만 아니라 물질적인 것도 포함된다.

믿는다는 것은 이 세상에서 가장 큰 힘이다. 믿음대로 된다. 예수님은 성경 마가복음에서 말씀하셨다. "예수께서 이르시되 할 수 있거든이 무슨 말이냐 믿는 자에게는 능히 하지 못할 일이 없느니라 하시니 곧 그 아이의 아버지가 소리를 질러 이르되 내가 믿나이다 나의 믿음 없는 것을 도와주소서 하더라" (마가복음 9:23~24)

이 말씀은 자녀가 귀신 들려 고통 받던 사람에게 하신 말씀이다. 예수님은 자주 믿음 없는 사람들에게 믿음을 가지라고 하셨다. 때로는 믿음이 있는지 시험하기도 하셨다. 그런 후에 이적을 행하셨다. 또한 예수님 자신의 믿음은 놀랍도록 크셨다. 성경 요한복음에서 죽어서 무덤에 있은 지 나흘이나 된 나사로를 살리실 때 이미 믿음으로 하나님 아버지께 감사의 기도를 하셨다. 그리고 "나사로야 나오라."라고 큰 소리로 부르셨다. 예수님의 믿음대로 죽었던 나사로가 살아서 나왔다. 물론 예수님은 성자 하나님이시다. 그러나 예수님은 말씀하셨다. "나를 믿는 자는 내가 하는 일을 그도 할 것이요 또한 그보다 큰일도 하리니" (요한복음 14:12) 또 말씀하신다. "너희 믿음대로 되라"(마태복음 9:29) 믿음대로 되는 것이다.

위대한 정복자 알렉산더 대왕의 부하 중에 알렉산더라는 이름을 가진 한 겁쟁이가 있었다. 병사 알렉산더에게 대왕 알렉산더가 말했다. "그 이름을 버리든지 아니면 용감하든지 하라." 알렉산더 왕은 자신과 같은 이름을 가진 병사가 겁쟁이어서 크게 분노했던 것이다.

우리도 그렇지 않겠는가? 나와 같은 이름을 가진 사람이 겁쟁이라면 언짢을 것이다. 11년 전 교회에서 전임사역을 할 때 일이다. 한 여전도사님의 이름이 당시 학력위조로 사회적인 이슈를 몰고 온 유명인사와 같았다. 그 전도사님은 굉장히 불쾌해하며 개명까지 고민했었다. 크리스천은 그리스도와 사람의 합성어이다. 그리스도이신 예수님도 우리에게 말씀하실 것이다. "그 이름을 버리든지, 아니면 큰 믿음을 가지든지 하라."

내가 신학대학교에 입학하기 위해 준비하던 20년 전 우리 집의 경제적 어려움은 극에 달했다. 그전에도 가난했지만 더 큰 문제가 발생했다. 1억이라는 큰 빚을 지게 된 것이다. 당시 1억은 엄청난 금액이었다. 원금은 커녕 이자도 갚기 힘든 상황이었다. 20대 초반의 나는 신학대학교가 아니라 돈을 벌어서 보태야 하지 않을까 심각하게 고민했다. 그러나 어머니는 내가 신학대학교에 들어가는 것을 간절히 원하셨다. 학비를 감당하기도 어려운 상황인데도 말이다. 나는 어머니의 뜻을 따르기로 했다. 그리고 등록금이 준비되지 않으면 휴학을 하리라고 마음먹었다. 하나님께서 소명을 주셨으니 책임져주시리라 믿었다.

놀랍게도 신학대학원까지 포함해서 7년간 단 한 번도 휴학을 하지 않았다. 현실적으로는 불가능하게 보였던 등록금이 채워졌던 것이다. 학부 4년은 장학금과 파트타임 전도사 사례금으로 충당했다. 그리고 여러 성도들이 부족한 자금을 후원해주셨다. 신학대학원도 마찬가지였다. 하나님이 해결해주시리라 믿으니 마음이 편했다. 그 과정에서 물질적인 것도 믿음대로 된다는 경험을 하게 됐다.

가난의 장벽을 깨기 위해서는 금융 지식과 부동산에 대해서 알아야겠지만 먼저 해야 할 것이 있다. 그것이 이번 장에서 다루는 주제이다. 먼저 의식수준을 높여야 한다. 믿음의 크기를 키우고 생각을 바꿔야 한다. 성공하기로 결심하고 성공을 확신해야 한다. 지금 내가 가난하다면 의식의 문제에 걸려있기 때문이다.

그러니 먼저 확인하자. 당신의 믿음의 크기는 얼마인가? 당신의 믿음대로 된다. 하나님이 우리 모두에게 주신 능력 중에 최고의 능력은 믿음이다. 믿음이 크면 성공할 수 있다. 믿음이 있으면 하나님이 주신 축복을 받을 수 있다. 믿음에는 놀라운 힘이 있다. 하나님의 약속을 믿기만 하면 어떤 자연 법칙도 초월할 수 있다. 능력은 믿음을 통해서만 나타난다. 핑계 없는 무덤은 없다고 한다. 우리가 안 되는 이유를 찾으면 한도 끝도 없다. 부정적인 생각으로 가난한 삶을 살지 말고 이제 긍정적인 생각과 큰 믿음으로 풍요로운 삶을 살자.

내가 물질에 대한 관심이 없을 때는 평생 내 집을 마련하지 못했다. 절약하며 열심히 살았지만 결정적인 기회를 놓치기만 했다. 내 집 마련은 잡을 수 없는 현실처럼 멀어져 가는 것 같았다. 그러나 믿음으로 구하고 찾고 두드리니 열렸다. 이 책을 집필하는 것도 마찬가지다. '언젠가는 책을 출판해야지.'라고 생각할 때는 막연하기만 했다. 그러나 '책을 계약하고 출판하리라'는 믿음으로 기도하며 생생하게 꿈을 꿨다. 그랬더니 믿음대로 책을 집필하고 출판 계약을 하게 됐다. 믿으면 된다. 무엇이든지 믿으면 믿는 대로 된다. 어떤 것은 되고 어떤 것은 불가능한 것이 아니다. 그 기준을 누가 만들었는가?

당신의 믿음이 중요하다. 오랫동안 부정적인 생각에 빠져 살아왔다면 '할 수 있어'를 더 많이 선포하자. 하나님께서는 당신이 깨어나길 바라신다. 큰 믿음을 가지기를 원하신다. 당신을 위해 이미 좋은 것들을 준비해 놓고 계시다. 그러나 당신이 큰 믿음으로 하나님 크기의 꿈을 꿔야 한다. 왜 물질적인 부분에서는 믿음이 작아지는가? 물질도 하나님이 주신다. 하나님은 작은 분이 아니시다. 크신 분이시다. 풍요로운 분이시다. 그러니 큰 믿음을 가지자. 반드시 이루어질 것이다.

— 02 —

지금 내가 하는 생각이
미래를 결정한다

"직장에서 내 실력이 탄로날까봐 걱정돼서 잠을 잘 못자겠어." 어떤 지인이 내게 한 말이다. 그는 직장에서 한 프로젝트를 탁월하게 성공해 좋은 결과를 냈다. 그래서 직장에서 인정을 받고 있었다. 그런데 정작 그는 자신의 실력에 대한 의심 때문에 걱정스러웠다. 걱정은 점점 더 커져서 부정적인 미래가 예상돼 고통으로 확장됐다. 직장을 다니는 게 고역이었다. 그래서 잘 시간이 되면 다음날 직장에 나갈 일이 걱정돼 잠을 못이룬다는 것이다. 그는 점점 직장에서 자신감을 잃었고 일처리에 문제가 발생하기 시작했다. 너무나 안타깝게도 자신의 부정적인 생각이 부정적인 결과를 만들어간 것이다.

나는 그의 마음이 이해된다. 나도 이런 일을 겪었기 때문이다. 신학대학교에 입학했을 때 일이다. 그 전까지는 열심히 공부해본 적이 별로 없었다. 그러나 나는 하나님의 부르심에 감사해서 열심히 해보리라는 열정에 불타올랐다. 실력을 쌓기 위해 기숙사에 들어가 공부만 했다. 남들보다 두세 배 이상 공부하리라고 결단했다. 그런데 공부한다는 게 생각처럼 쉽지 않았다. 책상에 앉아 있는 것 자체가 고역이었다. 그래도 온 힘을 다해서 버티고 공부했다. 그 결과 첫 학기에 장학금을 탔다. 학우들과 교수님들이 나를 칭찬했다. 그런데 정작 나는 자신이 없었다. '정말 내가 장학금을 탈 만큼 실력이 좋아진 걸까?'라는 의심이 들었다. 그러다 보니 남들의 칭찬이 오히려 부담스러웠다. 나는 점점 더 불안해졌다.

그러다 세계관이라는 수업을 들을 때였다. 내 실력이 드러날까 봐 걱정됐다. 세계관이라는 수업이 철학적이고 깊이 있는 내용이었기 때문이다. 그 수업은 매주 과제를 제출했는데 교수님이 나를 칭찬해주셨다. 그런데도 나 자신에 대한 부정적인 생각은 변하지 않았다. 오랜 시간 내면에 쌓인 나에 대한 불신은 쉽게 사그라지지 않았던 것이다. 결국 종강이 얼마 남지 않은 시점에 교수님을 찾아갔다. 교수님께 수업 내용을 제대로 이해하지 못하는 것 같다고 말씀드렸다. 교수님은 놀라시며 내가 반에서 가장 잘 이해하고 있다고 말씀하셨다. 그제야 나는 나에 대해 믿음을 깃게 되었다.

나는 좋은 결과가 있어도 스스로 걱정하며 고통을 자초했다. 다행히도 교수님의 진실한 칭찬으로 자신감을 갖게 됐다. 이후 나는 4년 내내 장학금을 받았고 수석으로 졸업했다. 나도 할 수 있다는 생각이 할 수 있는 미래를 만들어낸 것이다. 생각이 바뀌지 않았다면 여전히 힘들게 공부했을 것이다. 언젠가는 공부를 포기했을지도 모른다. 그랬다면 지금과는 전혀 다른 삶을 살고 있을 것이다. 지금 내가 하는 생각이 중요한 것이다.

생각이 바뀌면 미래가 바뀐다. 생각은 내가 선택하는 것이다. 그리고 어떤 생각을 선택하는가에 따라 삶이 달라진다. 하버드대학교 경제학 교수 데이비드 랜즈는 이렇게 말한다. "이 시대의 부자들은 모두 낙천주의자다. 그들이 항상 옳아서가 아니라 긍정적인 생각을 하기 때문이다. 심지어 그들이 하는 일이 틀렸을 때도 그들의 태도는 여전히 긍정적이다. 긍정적 사고야말로 그들이 목적을 달성하도록 하고, 스스로를 개선시켜 결국 성공에 이르게 만든다."

긍정적인 사고가 스스로를 개선시키고 결국 성공에 이르게 만든다는 것이다. 그러므로 생각이 중요하다. 생각에서부터 모든 것은 시작된다. 생각이 미래를 만든다. 생각을 바꿔야 한다. 성공하고 싶다면 성공한 사람들의 생각을 해야 한다. 생각을 점검하고 긍정적으로 바꾸는 것이 가장 선행되어야 한다.

앨런 피즈 · 바바라 피즈는 『결국 해내는 사람들의 원칙』에서 "우리의 뇌는 현실과 상상을 구분하지 못한다. 그래서 상상을 현실화하는 방향으로 몸을 유도한다."라고 했다. 그들은 운동선수들의 이미지트레이닝의 효과를 예로 들어 상상을 현실화하는 원리를 설명한다. "상상 연습도 실제 연습만큼 야무진 효과를 낸다."라는 것이다. 자신이 성공해서 하고 싶은 일들을 하는 모습을 구체적으로 상상해야 한다. 그러면 뇌는 상상을 현실화하는 방향으로 몸을 유도한다.

부정적인 생각을 어떻게 긍정적인 생각으로 바꿀 수 있을까? 미국의 심리학자 맥스웰 몰츠는 "무엇이든지 21일 동안만 계속하면 습관이 된다."라고 했다. 그의 말에 의하면 긍정적인 생각을 21일 동안 계속하면 긍정적인 생각을 하는 습관이 된다는 것이다.

실제로 나는 21일의 습관의 법칙을 경험했다. 바로 새벽예배를 드리는 습관이었다. 내가 목사로서 소명을 받은 후에 첫 번째로 결심한 것은 새벽예배였다. 나는 굉장히 잠이 많은 사람이다. 학창 시절에도 아침에 일어나는 게 고역이었다. 지각도 엄청나게 많이 했다. 선생님에게 아무리 혼나도 잘 고쳐지지 않았다.

그런 내가 어떻게 새벽에 일어나서 예배를 드리러 갈 수 있었을까? 새벽에 일어날 수 있다는 긍정적인 생각을 했기 때문이다. 그때 나는 하나님께서 새벽예배를 드리는 것을 기뻐하신다고 믿었다. 그러니 내가 새벽예배를 드리고자 한다면 하나님께서 새벽에 일어날 수 있도록 도와주시리라 확신했다. 그리고 믿음대로 됐다. 놀랍게도 새벽에 알람 소리가 들렸고 내 몸이 일어나졌다. 이것은 당시의 니에게는 기적 같은 일이있다. 긍정적인 생각이 기적을 일으킨 것이다. 그리고 새벽예배를 21일간 드렸을 때 새벽예배는 습관이 됐다.

긍정적인 생각이 습관이 되게 하려면 긍정적인 생각을 21일 동안 연습하면 된다. 그러면 긍정적인 생각의 습관이 생기고 긍정적인 생각으로 미래가 바뀌게 된다. 긍정적인 생각이 상황을 긍정적으로 만드는 것이다.

그런데 많은 사람들이 긍정적인 생각을 결심했다가 다시 부정적인 생각으로 돌아간다. 왜 그럴까? 그 과정에서 실패를 경험하기 때문이다. 사람은 누구나 실패를 하지 않으려고 하지만 실수와 실패는 피할 수 없다. 우리는 무언가를 열심히 했어도 실패할 때가 있다. 아무리 똑똑하고 능력 있는 사람도 실패를 할 때가 있는 것이다. 그러나 성공한 사람들은 실패를 두려워하지 않고 실패에서 배우고 다시 도전한다.

몇 달 전 대산 신용호 선생님에 대해 다룬 정인영 작가의 『길이 없으면

길을 만들며 간다』라는 책을 읽었다. 제목부터가 감동적이었다. 대산 신
용호 선생님은 수많은 실패 속에서 교훈을 얻었다. 그리고 긍정적인 생
각으로 끊임없이 도전하여 오히려 더 큰 결과를 이루어냈다. 그는 어린
시절 폐병을 심하게 앓아서 초등학교도 다니지 못했다. 그러나 폐병이
나은 후 독학으로 열심히 책을 읽고 공부했다. 그리고 늘 꿈을 그리며 끊
임없이 노력하고 도전했다. 그야말로 길이 없으면 길을 만들며 갔다. 신
용호 선생님은 이렇게 말한다. '바람에도 길은 있다. 나는 비로소 나의 길
을 가느니, 길은 언제나 어디에나 있다.'

그는 자신이 한 말대로 살았다. 일제 강점기와 한국 전쟁의 척박한 환
경도 그를 막지 못했다. 여러 번의 실패에도 불구하고 낙심하지 않았다.
그는 오히려 긍정적인 생각과 도전정신으로 창조적인 길을 만들어 냈다.
길이 없으면 길을 만들며 갔다. 교보생명과 교보문고, 대산문화재단 등
한국사회의 발전에 큰 이바지를 하며 성공을 이뤄냈다. 많은 사람들에게
선한 영향력을 끼치는 삶을 살았다.

빌 게이츠는 이렇게 말했다. "성공을 자축하는 것도 중요하지만 실패
를 통해 배운 교훈에 주의를 기울이는 것이 더 중요하다." 누구나 실수나
실패를 한다. 그때 교훈을 받는 것이 중요하다. 이것은 얼떨결에 얻은 성
공보다 인생에서 훨씬 유익할 수 있다. 그러나 가장 중요한 것은 실패에

서 오는 생각이다. 실패에서 교훈을 얻더라도 부정적인 생각을 갖게 된다면 그것이야말로 진짜 실패이다. 생각이 미래를 결정하기 때문이다. 그러니 실패에서 오는 부정적인 생각을 버려야 한다. 그리고 성공한 사람들처럼 생각해야 한다. 성공한 사람들의 특징은 실패에서 배울 뿐만 아니라 긍정적인 생각으로 계속 도전했다는 것이다.

지금 내가 무엇을 생각하느냐는 내가 선택하는 것이다. 부정적인 생각을 선택한 사람은 부정적인 미래를 만들뿐이다. 부정적이기 때문에 안 되는 이유를 찾게 된다. 그래서 실패를 지속하는 힘겨운 삶을 살게 된다. 안타깝게도 이런 사람이 많다. 반대로 실패에서 교훈을 얻는 사람들이 있다. 그들은 긍정적인 생각을 선택해 긍정적인 미래를 창조해낸다. 되는 방법을 찾는다. 결과는 성공이다. 선택의 결과는 오롯이 나의 몫이다.

지금 당신의 생각은 어떤 것인가? 지금 내가 하는 생각을 면밀히 점검해보자. 부정적인 생각을 버리고 긍정적인 생각을 해보자. 21일간 매일 긍정적인 생각을 해보자. 그러면 안 되는 이유가 아니라 되는 방법을 찾기 시작할 것이다. 그래서 결국 성공하는 미래를 만들어낼 것이다. 제임스 레인 앨런의 말을 마음에 새기고 실천하자. "어제의 내 생각이 오늘의 나를 만들었다. 오늘의 내 생각이 나의 내일을 만든다."

- 03 -

꿈꾸는 사람
VS 불평하는 사람

얼마 전 헬스장에서 운동하는데 옆에서 나이 지긋하신 분들이 대화를 하고 계셨다. 얼마나 열정적으로 대화를 하시는지 대화 내용이 다 들렸다. 처음에는 부동산이 한없이 오른다는 것에 대해서 비판을 하고 계셨다. 그러다 정치 이야기로 번지더니 피를 토하듯 비판을 하셨다. 운동에 집중할 수 없을 정도였다.

나는 운동을 하면서 생각을 정리한다. 마음이 힘들 때면 운동을 하면서 부정적인 것을 떨쳐버린다. 그리고 할 수 있다는 힘을 얻는다. 나에게 운동은 육체의 건강뿐 아니라 정신 건강에도 도움이 된다. 그래서 아무리. 바빠도 일주일에 세 번 이상은 운동을 하려고 시간을 만든다. 그런데 그분들의 대화 내용을 들으면서 마음이 불편해졌다. 부정적인 영향을 받은 것이다. 그래서 그분들의 대화가 안 들리는 곳으로 가서 운동에 집중했다.

부정적인 것에만 집중하면 그것만 보인다. 무엇보다 마음이 부정적으로 변하고 가난한 마음이 된다. 불평하면 이상하게도 불평할 일들만 생긴다. 끌어당김의 법칙이 작용하는 것이다.

누구나 삶의 어려움은 있다. 그러나 불평만 하는 사람들을 만나면 어느덧 나도 부정적으로 변하게 된다. 불평과 부정적인 마음은 전염성이 강하다. 행복한 삶을 살려면 부정적인 것을 버리고 긍정적인 마음으로 채워야 한다. 좋은 것을 끌어당겨야 한다.

한 젊은 여성이 아버지에게 자신의 삶은 문제투성이라고 불평했다. 아버지는 딸을 부엌으로 데리고 가더니 냄비 세 개에 물을 부은 다음, 불위에 올려놓았다. 첫 번째 냄비에는 당근을 썰어 넣었고, 두 번째 냄비에는 달걀 두 개를, 세 번째 냄비에는 커피 가루를 넣었다. 몇 분 후 당근을 꺼내서 그릇에 담았다. 삶은 계란 역시 껍질을 벗겨서 그릇에 담고, 커피는 컵에 따랐다. 그리고 딸에게 말했다.

"자, 보렴. 처음에 딱딱했던 당근은 흐물흐물해졌어. 반면 깨지기 쉬운 달걀은 더욱 단단해졌단다. 커피는 어떠니? 커피는 물을 더 값진 것으로 바꾸었단다. 지금 네게 닥친 문제는 온전히 너 자신에게 달린 문제란다. 흐물흐물해진 당근처럼 문제 때문에 더 약해질 수도 있고, 삶은 달걀처럼 문제로 인해서 더 강한 자신을 발견할 수도 있단다. 아니면 커피처럼 문제를 아예 자신에게 유익한 기회로 바꿀 수도 있어. 선택은 바로 너 자신이 하는 거란다."

누구나 문제를 안고 있다. 그러나 문제를 넘어 내 인생의 의미와 가치에 대한 선택은 나에게 달려 있다. 내가 낙심을 선택하면 늘 우울한 인생이 될 것이다. 반대로 문제가 있을지라도 내 인생의 긍정적인 의미와 가치를 선택하면 의미 있고 가치 있는 인생이 될 것이다.

의미요법이라는 상담이론을 만든 빅터 프랭클은 절망 속에서 의미를 찾았다. 그는 유태인으로 나치의 아우슈비츠 수용소에서 끔찍한 고통을 겪었다. 그런 끔찍한 현실에서도 자신의 존엄성을 잃지 않는 의미 있는 선택을 했다. 현실은 절망적이지만, 자신은 존엄한 존재이며, 수용소에서 풀려나 다른 사람들을 돕는 상상을 하며 고난을 견뎌냈다. 결국 그는 수용소에서 기적적으로 살아남았다. 그리고 그가 절망 속에서 꾸었던 꿈대로 다른 사람들의 마음을 치유하는 놀라운 일들을 해냈다. 프랭클은 자신이 실제로 경험한 것을 토대로 이렇게 말했다. "환경이나 상태가 절망적일지라도 자신의 삶을 좌우하지 못한다. 자신의 존엄과 의미는 자신의 선택에 달려 있다."

나와는 다른 사람 같은가? 물론 빅터 프랭클은 남다른 사람이다. 수용소에서 끔찍한 학대를 당하면서도 존엄성을 잃지 않는 것은 아무나 할 수 없는 일이다. 또한 의미요법이라는 상담이론을 만들어내 위대한 업적을 남겼다. 그러나 생각해보자. 그는 그런 절망적인 상황과 고통에서도 의미 있는 선택을 할 수 있었다. 그렇다면 지금 내 상황이 어떠할지라도 나의 존엄성을 선택할 수 있지 않겠는가? 꿈을 꿀 수 있지 않겠는가?

나는 빅터 프랭클의 삶의 이야기와 의미요법을 통해서 많은 위로와 격려를 받았다. 그의 삶과 이론을 공부하면서 나의 존엄성을 선택하고 다시 꿈을 꾸어야겠다고 결심했다. 그 결과 다시 일어나서 할 수 있는 방법들을 찾을 수 있었다.

나는 지금까지 많은 사람들을 만나봤다. 어릴 때는 목사인 어머니를 따라 많은 사람을 만났다. 지금은 내가 목사인지라 많은 사람들을 만난다. 그리고 상담대학원과 상담수련을 통해서 심리를 연구했다. 많은 사람을 만나고 연구하면서 발견한 것이 있다. 불평불만이 많은 사람들은 생각하고 말한 대로 점점 더 불행해진다는 것이다. 안 되는 것만 보고 안 되는 이유만 찾는다. 그들은 일이 진행되는 과정에서 이미 안 될 것을 확신한다. 그러니 안 될 수밖에 없는 것이다. 반대로 꿈과 비전이 있는 사람은 눈빛부터가 다르다. 안 되는 것이 아니라 되는 방법을 찾는다. 꿈을 이루는 과정에서 문제를 만나도 대안을 찾고 끊임없이 실행한다. 꿈이 이루어지는 것을 간절히 소망하고 적극적으로 시행한다. 꿈이 이루어질 것을 상상하며 지금의 상황을 즐기며 도전한다. 그래서 결국 꿈을 이뤄낸다.

꿈꾸는 사람과 불평하는 사람은 자기 자신을 바라보는 관점에서도 극명한 차이가 있다. 대체로 불평하는 사람은 자기 자신에 대해서도 부정적이다. 어린 시절부터 주변 사람들로부터 부정적인 피드백을 많이 받아왔을 가능성이 크다. 앞에서 말한 지인처럼 직장에서 인정받으면서도 불안해한다. 자신의 실력이 아니라고 생각하며 자신의 부족함이 들통날까 봐 걱정한다. 그 자체로 불행해진다. 결국 스스로 고통을 자초하다가 성공을 포기한다.

내가 제자훈련으로 돕고 있는 한 청년은 나름대로 괜찮은 대학을 졸업했다. 그런데 30대가 넘기까지 이력서 한 번 작성해본 적이 없다. 그 흔한 아르바이트 한 번 해본 적이 없다. 집안이 부유해서 그런 것이 아니다. 오히려 가난한 편이다. 그저 자기 자신에 대한 불신과 두려움 때문이었다. 그러니 점점 자신감은 결여될 수밖에 없다. 경험이 없으니 어떤 일을 도전하기가 더 두려워진다.

비벌리 실스는 "실패하면 실망할지도 모른다. 그러나 시도도 안 하면 불행해진다."라고 했다. 데비 필즈는 "가장 중요한 것은 기회를 잡는 것을 두려워 않는 것이다. 기억하라, 가장 큰 실패는 시도하지 않는 것이다."라고 했다. 이 청년은 실패가 두려워 시도조차 안 해본 것이다. 그래서 불행한 삶을 살아왔다. 시도하지 않으니 미래에 대한 불안감은 더 커져만 갔다. 그는 지금도 두려움을 극복하기 위해서 처절하게 싸우고 있다.

다른 한 청년은 학력이 별로 좋지 않다. 가정 형편도 많이 안 좋았다. 그러나 그는 꿈을 꾸었다. 그 꿈을 생생하게 그리며 무엇이든지 적극적으로 도전했다. 그를 만나면 긍정적인 에너지가 넘쳐서 기분이 좋아진다. 그래서 그의 주변에는 좋은 에너지의 사람들이 늘 따른다. 이 또한 성공을 위한 큰 자산이다. 좋은 에너지를 가진 사람들은 서로가 서로에게 더 좋은 에너지를 준다. 되는 방법들을 나누며 더 좋은 방법들을 알아가고 실행한다.

그는 꿈과 비전을 갖고 적극적으로 도전했다. 빈손으로 시작해서 30대에 수도권에 있는 30평형대의 아파트를 장만했다. 그리고 비교적 괜찮은 연봉을 받으며 풍요롭게 살고 있다. 학력보다 중요한 것이 어떤 생각을 갖고 있느냐이다.

늘 불평하는 사람들의 이야기를 들어보면 환경을 탓한다. 늘 안 될 수밖에 없는 문제들을 지적한다. 그러나 그들의 마음 깊은 곳을 들여다보면 실패에 대한 두려움으로 가득하다. 어쩌면 여러 번의 실패로 미리 실패를 예상하고 좌절하고 있는 것일지 모른다.

골드 스미스는 이렇게 말했다. "내 인생의 최대의 자랑은 한 번도 실패하지 않았다는 것이 아니라, 넘어질 때마다 다시 일어났다는 것이다." 한 번도 실패하지 않은 사람은 없다. 성공한 사람들은 오히려 실패에서 배우고 다시 도전한다. 그래서 결국은 성공하게 되는 것이다.

실패하지 않는 법을 배우는 것보다 실패에도 불구하고 노력하는 태도를 배워야 한다. 실패에도 굴하지 않는 자신을 보면서 긍정적인 자아정체감을 형성해야 한다. 실패 속에서 내가 배울 수 있는 것, 내가 성장할 수 있는 것을 배우는 것이 중요하다. 누구나 실패하면 타격을 받지만, 실패에서 배울 수 있으면 모든 것이 기회가 된다. 그 기회는 우리에서 성공을 가져다줄 것이다. 진정한 의미에서 성공과 실패는 현재에 머무를지 앞으로 나아갈지를 선택하는 과정에서 결정된다. 환경과 가지지 못한 것에 대한 변명을 일삼을지 할 수 있는 방법을 찾을 것인지에서 결정 난다. 성공하기 위해서는 생각이 변해야 한다.

당신은 꿈꾸는 사람인가? 불평하는 사람인가? 누구에게나 자신만의 달란트가 있다. 꿈꾸는 사람이 달란트를 발견하고 활용할 수 있다. 꿈꾸는 사람이 자신의 삶을 풍요롭게 하고 선한 영향력을 끼친다. 그리고 꿈을 이뤄가는 과정에서부터 행복을 누린다. 자신뿐만 아니라 주변 사람들을 행복하게 한다. 불평불만이 전염성이 강하듯 긍정과 행복도 전염성이 강하기 때문이다. 그동안 불평하며 살았다면 이제 불평을 버리자. 불행을 가져오는 불평을 지금 당장 쓰레기통에 던져버리자. 그리고 간절하고 생생하게 꿈을 꾸자. 그것이 당신의 삶이 변화되고 풍요로워지는 비결이다.

문제가 아닌
하나님을 바라보라

코로나19 사태로 사회적 분위기가 완전히 달라졌다. 사람들은 마스크 착용과 사회적 거리두기로 인한 답답함을 호소한다. 그러나 그것보다 더 큰 어려움은 경제적인 문제이다.

코로나19 사태가 지속될수록 경제적인 어려움은 더 커져가고 있다. 규모가 큰 회사에서부터 자영업까지 모두가 힘겹게 버텨내고 있다. 여기저기서 경제적인 어려움에 아우성을 치고 있다. 가끔 지인들과 전화통화를 하면 너 나 할 것 없이 경제적인 고민을 토로한다. 상황을 보고 현실을 보면 마음은 더 어려워진다. 하루 빨리 이 상황이 끝나기를 바랄 뿐이다.

코로나19 전에도 사람들은 모두가 어렵다고 했다. 부동산 가격은 올라가고 서민들은 더 살기 힘들어져만 간다. 성도들과 대화하면 모두가 어렵다고 한다. 성도들만 그런 것이 아니다. 몇 년 전 신학대학원 동기 목사님을 만나서 대화를 나눴다. 이 목사님은 신학대학원 때부터 군계일학의 실력으로 인정받았다. 부목사로 사역을 할 때도 담임목사님으로부터 절대적인 신임을 얻었다. 이 목사님을 만났을 때는 섬기던 교회를 사임하고 새로운 교회의 부목사로 청빙되었던 때다.

그가 내게 이런 말을 했다. "선배 목사님이나 사람들을 만나면 불안해지고 기도하며 하나님의 말씀에 집중하면 다시 평안해져요." 목사일지라도 만나서 현실적인 이야기를 하다 보면 마음이 어려워지고 불안해진다. 현실적인 문제가 녹녹치 않기 때문이다. 부목사일 때는 담임 목사가 되어야 하는데 청빙되는 것은 하늘의 별따기와 같다. 그렇다고 나처럼 교회를 개척하기에는 엄두가 나지 않는다는 것이다. 목사도 현실을 살아가는 사람일 뿐인 것이다. 사람을 만나면 현실적인 이야기로 문제에 집중하게 된다. 그러나 하나님을 바라보면 하나님의 전능하심과 약속을 믿게 되는 것이다.

하나님은 전능하신 분이시다. 천지를 창조하신 크신 분이시다. 문제가 아무리 크더라도 하나님보다 크지 않다. 우리에게는 넘을 수 없는 문제처럼 보이지만 하나님께는 미미한 것일 뿐이다. 또한 하나님은 약속을 지키시는 분이시다. 하나님은 어제나 오늘이나 동일하신 분이시다. 마음이 변하지 않으신다. 한번 하신 말씀을 절대로 잊지 않으신다. 뿐만 아니라 우리를 사랑하신다. 우리를 얼마나 사랑하시는지 독생자 아들 예수까지 내어주셨다. 이 사실을 믿으면 마음이 평안해진다. 하나님께서 나에게 주실 놀라운 은혜를 기대하게 된다. 그래서 우리는 우리의 문제가 아닌 하나님을 바라보아야 하는 것이다. 하나님을 바라볼 때 믿음이 생기고 지혜를 얻게 된다. 하나님께서 평안한 마음과 문제를 해결할 수 있는 지혜를 주시기 때문이다.

성경 민수기를 보면 가나안 땅을 정탐하기 위해 12명의 정탐꾼을 보낸 이야기가 나온다. 이스라엘 백성들은 가나안땅에 들어가기 전에 그 땅을 정탐하기 위해 각각의 가문에서 지휘관 한 사람씩 선별하여 12명을 보냈다. 그들은 가나안 땅에 사는 거민들이 강한지 여부와 그 땅이 어떤지 40일 동안 정탐했다.

12명의 정탐꾼들은 돌아와서 이스라엘 백성들에게 보고했다. 그런데 10명의 정탐꾼과 2명의 정탐꾼의 보고 내용이 완전히 달랐다. 그 땅이 비옥한 땅이고 살기 좋은 땅이라는 것에는 동일했다. 그러나 그 땅을 정복할 수 있는지에 대해서는 전혀 상반된 보고를 한 것이다. 10명의 정탐꾼들은 그 땅의 거민들이 거인들이며 자신들은 스스로 보기에도 메뚜기와 같다고 했다. 그 땅의 거민들이 보기에도 동일할 것이라고 했다. 반대로 2명의 정탐꾼들은 하나님께서 우리를 기뻐하시면 그 땅을 주실 것이라고 확신했다. 같은 땅을 정탐하고 왔는데 전혀 다른 관점으로 보고한 것이다.

결국 백성들은 10명의 정탐꾼들의 부정적인 보고에 영향을 받아 두려움에 떨었다. 그리고 하나님과 지도자 모세를 원망했다. 그 결과 하나님을 불신한 이스라엘 백성들은 40년 동안 광야에서 살다가 죽었다. 약속의 땅에 들어가지 못한 것이다. 대신 그들의 자녀들 세대가 약속의 땅에 들어가게 됐다. 그리고 믿음으로 긍정적인 보고를 한 2명의 정탐꾼만 가나안 땅에 들어갔다. 2명의 정탐꾼은 하나님께 인정받아 큰 축복을 받았다.

이들의 차이는 무엇인가? 바라보는 것이 달랐던 것이다. 10명은 문제를 찾아서 문제를 보았다. 2명은 문제보다 크신 하나님을 바라보았다. 그래서 약속의 땅을 차지할 확신과 기대감으로 가득했다.

하나님은 믿음의 보고를 한 2명의 정탐꾼들을 이렇게 평가하셨다. "그러나 내 종 갈렙은 그 마음이 그들과 달라서 나를 온전히 따랐은즉 그가

갔던 땅으로 내가 그를 인도하여 들이리니 그의 자손이 그 땅을 차지하리라"(민수기 14:24)

마음이 그들과 달랐다고 평가하신다. 여기서 그들은 10명의 문제에 집중한 정탐꾼들이다. 그렇다. 무엇을 보느냐에 따라 마음이 달라진다. 마음은 생각을 다르게 한다. 생각은 미래를 결정한다. 이것이 시각화의 중요성이다.

정탐했던 가나안 땅은 하나님께서 이스라엘 백성들에게 주시기로 약속하신 땅이다. 그러나 인간적으로 볼 때 극복해야 할 문제들이 있다. 세상에 완전한 것은 없기 때문이다. 문제에 집중하면 안 되는 이유를 찾게 된다. 그래서 안 되는 생각과 안 되는 미래를 예상하게 된다. 10명의 정탐꾼을 보라. 문제에 집중하니 스스로를 메뚜기와 같다고 여겼다. 적들도 자신들을 메뚜기로 볼 것이라고 한다. 이를 메뚜기 자아상이라고 한다. 메뚜기 자아상을 가지고 무슨 일을 할 수 있겠는가?

무엇을 보느냐가 중요한 것이다. 2명의 정탐꾼은 하나님을 바라봤다. 문제보다 크신 하나님을 바라보니 담대해졌다. 하나님이 하신 약속을 믿었다. 그래서 마음이 달랐던 것이다. 모두가 안 된다고 할 때 그들만은 당당히 할 수 있다고 확신한 것이다. 성공하는 사람은 보는 것이 다르다.

성공할 수 있는 것을 본다. 남다른 마음과 사고방식으로 살아간다. 모두가 힘들다고 할 때 할 수 있는 것을 보고 담대하게 도전한다. 그 결과 성공을 이룬다.

오늘날 많은 전문가들이 자기가 되고 싶은 미래를 생생하게 그리라고 한다. 버킷리스트로 기록해서 보고 사진을 찍어서 보라고 한다. 그러면 실제로 그렇게 된다고 한다. 시각화는 정말 중요하다. 보는 것에서 미래가 달라진다.

시각화의 원조는 하나님의 말씀인 성경이다. 성경 출애굽기에 보면 하나님께서 이스라엘 백성들에게 어떤 절기의 예식을 손의 기호와 미간의 표로 삼고 입으로 말하라고 하시는 장면이 있다. 왜 그러셨을까? 당시 이스라엘 백성들은 400년 넘게 애굽(현대의 이집트)에서 노예로 살아왔다. 몇 대의 조상에서부터 가깝게는 부모가 노예였다. 자신들도 평생을 노예로 살아왔다. 그러니 노예근성이 뼛속 깊이 배어 있었다. 노예근성은 그들로 하여금 노예로 살아가게 한다.

하나님은 그들의 뼛속 깊은 노예근성을 벗기기 위한 방법을 주셨다. 그것이 바로 시각화이다. 하나님은 인간의 속성을 가장 잘 아시는 분이시다. 하나님은 우리가 생각할 수 없을 정도로 지혜로우신 분이시다. 그

분이 주신 방법이 가장 좋은 방법이다. 마음을 바꾸는 가장 좋은 방법이 바로 시각화인 이유이다. 생각을 바꾸고 미래를 바꾸는 가장 좋은 방법은 시각화이다. 생생하게 그려야 한다.

문제점을 발견하는 것은 쉽다. 대부분의 사람들은 되는 것보다 안 되는 것에 집중하기 때문이다. 우리는 대부분 어린 시절부터 잘못과 문제를 지적 받고 자랐다. 현실을 직시하라는 교육을 받으며 자라왔다. 나를 위한다는 미명 아래 칭찬보다는 지적을 하는 경우가 많다. 그런 교육을 몇십 년 받고 자랐으니 떨쳐버리기가 쉽지 않다. 부정적이었던 것만큼 긍정적인 것으로 채워야 한다. 그러니 하나님께서 손과 미간에, 그리고 말로 계속해서 믿음을 가질 수 있도록 하신 것이다.

상담학에서도 부모에게 보고 듣고 배운 대로 다시 반복한다고 한다. 사람은 보고 듣고 경험한 것만 한다는 것이다. 그러니 혹시 당신이 가난한 어린 시절을 보냈다면 그대로 두면 안 된다. 가난을 배웠기 때문에 자기도 모르게 가난한 사고를 하게 된다. 가난할 수밖에 없는 이유를 찾고 가난을 불러오는 삶을 산다. 어린 시절의 가난한 삶을 재현하는 것이다. 이것이 가난의 장벽이다.

이 장벽을 깨기 위한 최고의 방법은 풍요로우신 하나님을 바라보는 것이다. 문제보다 더 크신 하나님을 지속적으로 바라봐야 한다. 가난했던 사람들은 순간순간 가난한 생각과 마음이 올라온다. 그때마다 그 생각을 떨쳐버리고 풍요로우신 하나님을 바라봐야 한다. 이것이 가난을 끝내고 풍요로운 삶을 사는 비결중의 비결이다.

하나님은 우리가 풍요롭게 살기를 바라신다. 우리를 위해 더 좋은 것들을 예비하셨다. 더 이상 문제에 속지 말자. 우리는 메뚜기가 아니다. 하나님의 존귀한 자녀이다. 문제에 집중하지 말자. 문제보다 크신 하나님을 바라보자. 우리에게 풍요로움을 주시는 하나님을 바라보자. 시각화를 하자. 시각화를 하면 당신의 삶이 바뀌기 시작할 것이다.

05

하나님의 능력을
제한하지 마라

이스라엘 백성들의 불신으로 인해 그 세대는 축복의 땅 가나안에 들어가지 못했다. 하나님을 향한 마음이 달랐던 두 명의 정탐꾼 곧 여호수아와 갈렙이 자녀 세대들을 이끌고 들어갔다. 하나님께서 함께 하시니 그들이 두려워했던 거인들은 문제가 되지 않았다. 그들의 자녀 세대들은 하나님의 전능하신 능력을 경험하며 파죽지세로 거인들을 몰아냈다.

문제를 보면 문제에 함몰된다. 반대로 하나님을 바라보면 전능하신 하나님의 능력을 경험하게 된다. 하나님의 축복을 받아 풍요로워진다. 하나님께서 이스라엘 백성들을 가나안 땅으로 인도하신 것은 그들을 축복해주시기 위해서다. 그러나 하나님의 능력을 제한하고 문제에 집중했던 자들은 복을 받지 못했다. 여기에 두 번째 교훈이 있다. 바로 '하나님의 능력을 제한하지 말라'는 것이다.

믿음에 관련된 초등학생의 재미난 이야기가 있다. 이 학생이 교회에 가는 일요일에 늦게 일어났다. 예배 시간에 늦을까 봐 허둥지둥 교회로 달려갔다. 달려가면서 계속 기도했다. "하나님 제발 늦지 않게 해주세요.", "하나님 제발 늦지 않게 해주세요." 예배 시간에 겨우 도착한 학생은 급한 나머지 두 세 계단씩 뛰어 올라갔다. 그러다 그만 넘어지고 말았다. 짜증이 난 학생은 한숨을 크게 쉬었다. 그리고 하늘을 보면서 말했다. "아 정말… 그렇다고 미실 필요는 없잖아요……."

얼마나 순수한 믿음인가? 이왕 믿을 바엔 이 정도는 되어야 하지 않을까? 어린 아이들은 성경에서 배운 대로 하나님의 전능하신 능력을 믿는다. 그런데 정작 성경을 가르쳐준 어른들은 그대로 믿지 않는 경우가 많다. 그것은 하나님의 능력을 제한하는 것이다.

예수님은 "네 믿음이 크도다 네 소원대로 되리라"고 하셨다. 믿음이 크면 소원대로 된다는 것이다. 소원을 이루고 싶은가? 먼저 큰 믿음을 가져라. 믿음은 하나님의 전능하심을 인정하는 것이다.

하나님은 전지전능하신 창조주이시다. 우리의 생각을 뛰어넘는 방식으로 세상 만물과 인간을 창조하셨다. 그런데 우리는 우리가 보고 듣고 배우고 경험한 상식 때문에 하나님의 능력을 제한한다. 얼마나 어리석은 짓인가? 우리의 상식으로 한계를 긋는 것은 하나님의 능력을 제한하는 것이다.

종교개혁자 마틴 루터는 "하나님으로 하나님 되게 하라!"고 했다. 하나님의 능력을 우리의 제한된 사고방식으로 가두지 말라는 것이다. 하나님께는 모든 것이 가능하다. 그 하나님은 우리에게 좋은 것을 주시는 분이시다. 돈은 우리에게 좋은 것을 선택하고 좋은 일을 할 수 있도록 해주는 도구이다. 그러니 하나님께서 재물 얻은 능력을 주신 것이다.

성경에는 하나님의 전지전능하심을 나타내는 사건들이 많이 기록되어 있다. 그 중에서도 나는 아브라함의 믿음에 감동한다. 아브라함이 믿은 하나님은 죽은 자를 살리시며 없는 것을 있는 것으로 부르시는 이시다. 아브라함은 바랄 수 없는 중에 바라고 믿었다. 그런데 아브라함도 하나님의 능력을 제한했던 적이 있었다.

하나님께서 아브라함을 부르셨을 때 자손을 약속하셨다. 그런데 아브라함이 나이가 85세가 되어도 아직 자손이 없었다. 인간의 상식으로 생각하면 하나님의 약속이 불가능해보일 수밖에 없었다. 아브라함도 흔들렸다. 그래서 하나님께 자신의 종이 상속자가 될 것이라고 했다. 그때 하나님께서 아브라함에게 하늘의 별을 보게 하셨다. 그리고 '네 자손이 이와 같으리라.'라고 말씀하셨다. 하나님께서 아브라함에게 시각화로 믿음을 심어주신 것이다. 그때 아브라함은 하나님을 믿었고 하나님은 이를 아브라함의 의로 여기셨다. 그리고 하나님이 말씀하신대로 아브라함은 100세에 이삭을 낳았다. 사라의 나이는 90세로 생리가 이미 끊어졌을 때였다. 하나님께 불가능한 일은 없다.

우리가 하나님의 능력을 제한하는 이유 중에 하나가 두려움이다. 우리는 문제에 봉착하면 두려움을 먼저 느낀다. 이 두려움은 할 수 없을 것이라는 예상에서 온다.

그래서 예수님은 말씀하신다. "두려워하지 말고 믿기만 하라." 이 말씀은 회당장인 야이로라는 사람에게 하신 말씀이다. 야이로는 죽어가는 딸을 위해 예수님께 찾아가 치유해주시기를 간곡히 요청했다. 예수님은 그를 불쌍히 여기시고 함께 가셨다. 가는 길에 회당장의 집에서 사람들이 찾아왔다. 딸이 이미 죽었으니 더 이상 예수님을 오시게 할 필요가 없다는 것이다. 얼마나 청천벽력과 같은 소식인가? 야이로는 예수님이 가시면 딸이 치유될 거라는 희망이 있었다. 그런데 이미 딸이 죽었다니! 이제는 끝이라는 생각으로 두려움에 떨었을 것이다. 그때 예수님께서 야이로에게 말씀하셨다. "두려워하지 말고 믿기만 하라." 단순하지만 명료한 말씀이다.

그렇다. 하나님은 우리에게 복잡하게 말씀하지 않으신다. 애매하게 말씀하지 않으신다. "두려워하지 말고 믿기만 하라." 명료하고 강력하게 말씀하신다. 우리가 하나님을 믿기만 하면 되는 것이다. 그러나 우리는 문제에 봉착하면 생각이 복잡해진다. 그래서 대안을 마련하기보다 문제에 함몰된다. 그러면 문제가 더 크게 보이고 절망한다.

성도들이 어려운 문제로 기도부탁을 할 때가 있다. 어떤 경우는 어떻게 위로해야 할지 모를 정도로 심각할 때가 있다. 그런 상황에서 "두려워하지 마시고 믿기만 하세요."라고 한다면 어떤 마음이 들까? "목사님도 내 상황이 돼보세요. 그런 말이 나오나?"라고 생각할지도 모른다.

그러나 예수님께서는 우리의 형편을 우리 자신보다 더 잘 아신다. 예수님은 야이로의 상황을 분명히 아셨다. 예수님께서 야이로에게 그렇게 명령하신 이유는 두 가지다. 첫 번째는 감정에 속아서는 안 되기 때문이다. 우리가 어려움을 만나서 힘들 때 우리의 감정은 우리를 자꾸 속인다. 어려운 문제를 만나면 가장 먼저 찾아오는 것이 두려워하는 마음이다.

성경 디모데후서에는 "하나님이 우리에게 주신 것은 두려워하는 마음이 아니요 오직 능력과 사랑과 절제하는 마음이니"라고 말씀한다. 두려워하는 마음은 하나님이 주신 마음이 아니다. 하나님은 우리가 두려워하지 않고 하나님을 믿기를 바라신다. 하나님은 어떤 문제도 해결할 수 있는 분이시기 때문이다. 그 하나님이 무엇이든지 기도하면 응답해주시다고 약속하셨다.

두 번째로 환경을 바라보는 시야를 훈련하도록 요구하신 것이다. 죽음에 대한 야이로와 주변사람들의 시선은 불가능이었다. 더 이상 희망이 없다는 것이었다. 그때 예수님은 야이로의 딸이 "죽은 것이 아니라 잔다"고 하셨다.

보는 시야가 완전히 달랐다. 이 말씀은 우리에게 예수님이 가진 시야를 갖도록 요구한다. 그러니 우리는 예수님의 시야를 가질 수 있도록 연습해야 한다. 그 시야의 출발점은 하나님의 생각과 우리의 생각이 전혀 다르다는 사실을 인정하는 것이다. 성경 이사야에는 하나님의 생각이 우리와 다르며 하나님의 길은 우리와 다르다고 말씀한다. 하나님의 생각은 하늘이 땅보다 높은 것처럼 우리의 생각보다 높다고 말씀한다.

문제를 바라보는 시야가 달라져야 하나님의 능력을 제한하지 않게 된다. 그러려면 주변 사람들의 부정적인 생각에 휘둘리지 말아야 한다. 예수님은 비웃는 주변사람들을 다 내보내셨다. 그 이후에 야이로의 딸을 일으켜 세우셨다. 우리 주변에는 우리의 믿음을 비웃는 사람들이 있다. 드림킬러들이다. 그들은 우리에게 상식을 강조한다. 하나님께서 복을 주시려고 해도 복을 못 받는 사람들이 있다. 상식을 내세우는 사람들이다. 그들은 '이것이 상식적으로 가능한 일인가?'만 생각한다. 그러니 상식 이상의 일은 일어나지 않는 것이다. 하나님이 우리를 위해 예비하신 복을 받으려면 드림킬러들을 멀리 해야 한다.

예수님도 고향에서는 많은 이적을 행하지 않으셨다. 예수님에 대한 고향 사람들의 불신 때문이었다. 예수님은 그들이 믿지 않음을 이상히 여기셨다. 그리고 고향을 떠나 다른 곳으로 가셔서 이적을 행하셨다. 물론 예수님은 그들의 불신에도 이적을 행하실 수 있으시다. 어떤 것도 예수님의 능력을 제한할 수는 없기 때문이다. 그러나 불신하는 자들에게는 능력을 행하지 않으셨다. 믿지 않는 자들에게는 축복을 주지 않으신다는 것이다. 우리는 이 사실을 반드시 기억해야 한다.

상식을 강조하는 사람들이 하는 말 중에 "오르지 못할 나무는 쳐다보지도 말아라."라는 말이 있다. 김도사는 『기적수업』에서 이렇게 말한다. "이는 틀린 말이다! 그 나무에 오를 수 있는 사다리를 만들면 된다." 그의 말처럼 우리도 이제 생각을 바꾸자. 드림킬러들을 멀리하자. 우리의 상식으로 하나님을 제한하지 말자.

하나님은 우리의 상식을 벗어난 분이시다. 하나님을 바라보고 믿으면 어떤 일도 할 수 있다. 하나님은 전지전능하신 분이시다. 우리를 우리 자신보다 더 잘 아시기에 가장 좋은 방법으로 우리를 인도하신다. 우리의 시야가 바뀌고 믿음이 커지면 무엇이든 이루어진다. 더 이상 하나님의 능력을 제한하지 말자.

06

하나님의 선하신
능력을 믿으라

영국의 철학자 프랜시스 베이컨은 "아는 것이 힘이다."라고 했다. 어떤 분야이든지 아는 것이 힘이 된다는 것이다.

내가 의무경찰일 때 일이다. 현직 경찰과 함께 방범근무를 하고 있었다. 그런데 갑자기 우리 바로 앞의 찻길에서 어떤 차가 신호위반을 했다. 경찰이 앞에 있는데 신호위반을 하다니. 그 차를 멈춰 세우고 신호위반 사실을 알렸다. 그러자 운전자는 신호위반인 줄 몰랐다며 봐달라고 했다. 우리는 귀를 의심했다. 운전자가 신호를 모른다는 것은 너무나 위험한 것 아닌가? 그래서 면허증을 확인하고 범칙금을 부과했다. 이후에도 교통법규를 위반한 차량들을 멈춰 세우면 몰랐다는 경우가 종종 있었다. 모르면 봐줄지도 모른다고 생각한 것인지 모르겠다. 그러나 운전자가 교통법규를 모른다는 것은 어불성설이다. 조금 극단적인 이야기일지 모르지만 우리 사회에는 무지해서 손해를 보는 경우가 생각보다 많다.

과거에 내가 가르쳤던 제자 중 한 명이 공익근무요원으로 주민 센터에서 근무했다. 주민 센터에서 근무하면서 실생활에 관련된 많은 정보를 알게 됐다고 한다. 많은 사람들이 정보가 없어서 주민 센터에서 주는 혜택을 받지 못한단다. 모르면 그만큼 손해를 보게 되는 것이다.

그런데 그도 알지 못해서 큰 손해를 본 적이 있다. 그가 현역으로 입대했다가 몇 주 후에 훈련소에서 퇴소했던 일이다. 과체중이었다. 나는 그가 입대하기 전에 신체검사를 다시 한번 받아보라고 권유했었다. 내가 보기에 과체중으로 보였기 때문이다. 그런데 그는 아니라며 내 말을 듣지 않고 현역으로 입대했다. 결국 훈련소에서 퇴소하고 공익근무요원으로 군복무를 대체했다.

1년 가까이 되는 소중한 시간을 허무하게 날려버린 것이다. 군대에 가기 전 몇 달은 무슨 일을 하기에 애매하다. 또 마음이 싱숭생숭해진다. 2년 동안 군대생활을 한다는 것이 쉬운 일이 아니기 때문이다. 만일 그가 내 말을 듣고 신체검사를 다시 받았다면 그런 시간을 보내지 않았을 것이다. 무엇이든지 알아야 손해를 보지 않는다.

하나님의 축복을 받는 것도 마찬가지다. 내가 믿는 대상이신 하나님이 어떤 분이신지 어떤 능력을 갖고 계신지 알아야 한다. 얼마나 많은 사람들이 하나님에 대한 잘못된 지식으로 축복을 받지 못하는지 모른다. 하나님은 우리에게 복을 주시는 분이시다. 우리가 무엇이든지 믿음으로 기도하면 이루어주신다고 약속하셨다. 우리를 사랑하사 우리를 위해 독생자 아들 예수 그리스도까지 내어주셨다. 그런 분이 어떤 것이든 우리에게 주시지 않으시겠는가?

하나님은 우리의 아버지이시고 우리는 하나님의 자녀이다. 보통의 아버지는 자녀에게 좋은 것을 주고 싶어 한다. 능력이 있으면 말이다. 그런데 하나님은 전능하신 분이시다. 세상 모든 것이 하나님의 것이다. 그러니 자녀인 우리에게 무엇이든 주실 수 있는 분이시다. 그리고 주신다. 그것이 자녀에게 해로운 것이 아니라면 말이다. 우리가 준비되면 물질도 풍성히 주신다. 우리는 이 사실을 분명히 알아야 한다.

그런데 알기에 앞서 우리가 먼저 해야 할 것이 있다. 먼저 믿어야 한다는 것이다. 먼저 믿어야 알 수 있다. 이것은 하나님이 주신 법칙이다. 차나님은 우리의 생각의 한계를 넘는 분이시기 때문이다. 먼저 믿기 전에는 알 수가 없다.

성경 요한복음에 제자들이 예수님께 이렇게 말한다. "우리가 주는 하나님의 거룩하신 자이신 줄 믿고 알았사옵나이다"(요한복음 6:69) 여기에 중요한 원리가 있다. 믿고 알았다는 것이다. 제자들은 예수님이 부르셨을 때 예수님을 믿고 따랐다. 예수님에 대해서 먼저 알고 따른 것이 아니다. 예수님을 믿고 함께하니 예수님의 능력을 알게 됐다. 예수님이 하나님의 아들이심을 알게 된 것이다. 믿는 만큼 알게 된다. 그리고 믿음은 축복으로 연결된다. 나를 사랑하시고 가장 좋은 것을 주시는 하나님을 경험하게 된다. 하나님의 선하신 능력을 경험하게 되는 것이다.

어떤 사람들은 하나님이 강력한 사랑의 증거를 주시면 잘 믿겠다고 한다. 먼저 능력을 보이라는 것이다.

그러나 성경 히브리서에서는 단호하게 말씀한다. "믿음이 없이는 하나님을 기쁘시게 하지 못하나니 하나님께 나아가는 자는 반드시 그가 계신 것과 또한 그가 자기를 찾는 자들에게 상주시는 이심을 믿어야 할지니라"(히브리서 11:6) 이는 우리를 설득하려는 것이 아니다. 진리를 선포하시고 '들을 귀 있는 자들은 들으라'고 하시는 것이다.

값진 보물을 잔뜩 쌓아둔 부자가 있었다. 그에게는 50년 동안 신실하게 일했던 세 명의 종이 있었다. 부자는 그들에게 뭔가 뜻깊은 선물을 해야겠다는 생각을 하게 됐다. 그래서 세 명을 불러 놓고 이런 명령을 내렸다. "내 보물 창고에 있는 보물을 너희에게 나누어주려고 하니, 보물 담을 빈 그릇을 가져와라. 가득히 채워줄 것이다."

엉겁결에 엄청난 이야기를 들은 세 명의 종들은 한동안 어안이 벙벙했다. 그리고 얼마 후, 행동이 재빠른 첫 번째 종이 그릇을 준비하러 달려갔다. 그는 그릇을 준비하면서 생각했다. '그런데, 정말일까? 혹시 너무 큰 그릇을 가져갔다가 혼나지는 않을까?' 고민 끝에 결국 그는 작은 대접을 가져갔다. 주인은 약속대로 그 대접에 가득히 보물을 채워줬다.

두 번째 종은 둥그런 바구니를 가져갔다. 주인은 약속대로 그 바구니에 가득히 보물을 채워줬다. 마지막 종도 주인의 말대로 그릇을 준비했다. 그런데 이 종은 주인의 약속을 철썩 같이 믿었다. 아주 커다란 항아리를 가져간 것이다.

그 광경을 지켜보던 사람들은 그 큰 항아리를 보며 놀랐다. 그리고 생각했다. '설마 저 큰 항아리에도 다 채워주실까?' '저 종이 너무 생각 없는 것 아냐?' 그런데 주인은 그 큰 항아리 역시 번쩍거리는 보석으로 가득히 채워줬다.

이 모습을 지켜보던 첫 번째 종은 주인에게 억울해하며 하소연했다. 그의 하소연을 듣고 주인은 말했다. "너에게는 더 주고 싶어도 받을 그릇이 준비되지 않았다. 네게는 더 큰 믿음의 그릇이 필요한 것 같다."

우리는 큰 믿음의 그릇이 준비되어야 한다. 앞서 이야기한 가나안 땅을 정탐했던 12명이 그 실례이다. 가나안 땅을 정탐했던 12명 중 두 명인 여호수아와 갈렙이 준비한 믿음의 그릇은 커다란 것이었다. 부정적으로 보고했던 10명의 정탐꾼들과는 비교할 수 없었다. 그랬기에 결국 여호수아와 갈렙만 약속의 땅 가나안에 들어갈 수 있었던 것이다.

우리는 여호수아와 갈렙을 통해서 축복의 비결을 깨달아야 한다. 하나님의 선하신 능력을 믿는 것이 축복의 시작이라는 사실을. 하나님은 선하신 분이시다. 하나님께서 이스라엘 백성들을 애굽의 종에서 구원하신 것은 축복하시기 위한 것이다. 하나님께서 아브라함을 부르신 것은 아브라함에게 복을 주시기 위한 것이다. 예수님이 이 땅에 오신 것은 우리에게 생명을 주시되 더 풍성히 주시기 위한 것이다. 그러니 하나님의 선하신 능력을 먼저 믿어야 한다. 하나님은 선하신 능력으로 우리에게 복 주시기를 기뻐하시기 때문이다.

나도 어머니가 목회를 하실 때 가난한 것이 너무 싫었다. 그렇게 살고 싶지 않았다. 내가 절대로 하지 않겠다고 결심한 것이 두 가지가 있다. 하나는 절대로 목사는 되지 않겠다는 것이고 두 번째는 혹시 목사가 되더라도 교회 개척은 죽어도 안 한다는 것이었다.

그런데 지금 그 두 가지를 다 하고 있다. 나는 누군가가 억지로 하라고 하면 절대로 하지 않는 성격이다. 그런 내가 목사가 되고 교회를 개척한 이유는 하나이다. 그것은 바로 하나님의 선하심과 하나님께서 나를 사랑하시고 좋은 것을 주려고 하시는 분임을 경험했기 때문이다. 하나님은 그 선하신 능력으로 나를 도우시는 분이시다.

그런데 가난한 가정환경에서 자란 나는 가난한 사고를 버리지 못했고 그것이 장벽이 됐다. 보고 배운 대로 반복한 것이다. 특히 교회 개척을 한 몇 년 동안은 극심했다. 그래서 나는 최소한의 생활을 유지하기 위해 기도하며 성경을 연구했다. 부와 관련된 책들을 도서관에서 일주일에 다섯 권씩 대출했다. 대출한 책이라 요약하면서 읽었다. 일주일에 다섯 권을 읽기만 하면 별것 아니다. 그러나 책의 내용을 요약하면서 읽으려니 쉽지 않았다. 그만큼 간절했던 것이다. 그렇게 몇 년을 보내면서 깨달았다. 하나님은 내가 가난하게 살기를 원하지 않으신다는 것을. 물질도 하나님이 주신다는 사실을.

이후 나는 가난을 극복하기 위해 책을 읽고 실천했다. 부동산공부를 하고 주식도 했다. 그러나 무엇보다 의식이 중요하다는 것을 깨달았다. 가난한 사고와 가난을 불러오는 말을 버려야 가난의 장벽을 깰 수 있다는 사실을 말이다. 그 비결은 다른 데 있지 않았다. 내가 그렇게도 읽고 암송했던 하나님의 말씀인 성경에 있었다. 한 마디로 '하나님의 도우심을 믿으라'는 것이다. 그것이 가난의 장벽을 깨는 비결 중의 비결이다. 이 책을 끝까지 읽으면 하나님의 선하신 능력과 도우심을 믿을 수 있을 것이다. 또한 내가 배운 이 비결들을 각자의 상황에 맞춰 도움을 주고 싶다. 가난의 장벽을 깨고 싶다면 하나님의 선하신 능력을 믿으라.

07

이 세상 누구보다
크게 성공하기로 결심하라

20여 년 전에 교회 청년부 수련회에서 유언장을 쓰는 프로그램을 한 적이 있다. 청년들이 무기명으로 유언장을 써서 제출하면 진행자가 골라서 읽어주었다. 무기명으로 쓴 유언장이지만 읽다 보면 누가 썼는지 금방 알 수 있었다. 어느덧 유언장을 쓴 당사자의 눈에 눈물이 고였기 때문이다. 20대의 젊은 청년들이었지만 유언장을 쓰면서 자신의 삶을 진지하게 돌아봤다. 그리고 앞으로 어떻게 살아가야 할지 생각하는 계기가 됐다. 이 프로그램은 수련회에서 가장 의미 있는 프로그램으로 선정됐다.

누구나 인생은 한 번뿐이다. 그리고 언젠가는 죽음을 맞이하게 된다.

그런데 어떤 사람은 죽지 못해서 산다고 한다. 한 번뿐인 인생 죽지못해 살아간다면 얼마나 안타까운 일인가? 반대로 어떤 사람은 가슴 뛰는 인생을 살아간다. 당신은 어떤 인생을 살아가고 싶은가?

미국의 어느 묘지에 이런 문구가 써 있다고 한다. "사랑하는 내 아내 여기에 잠들다. 제발 아내를 깨우지 말아다오." 누군가 우스갯소리로 만든 묘비명이겠지만 쓸쓸한 마음이 든다. 1925년 노벨문학상을 수상한 버나드 쇼의 묘비명은 "우물쭈물하다가 내 이럴 줄 알았지."라고 한다. 우물쭈물하며 세월을 보내는 우리에게 비수로 날아온다.

시간은 금이라는 말이 있다. 그러나 나는 시간은 생명 자체라고 생각한다. 한 번뿐인 인생인데 의미 있는 삶을 살아야 하지 않겠는가? 많은 사람들이 성공을 꿈꾸면서도 성공에 대한 부정적인 생각으로 우물쭈물한다. 내가 말하는 성공은 경쟁적인 성공이 아니다. 성공해서 남 주자는 것이다. 기독교 정신은 받거나 빼앗는 것이 아니라 예수님의 말씀대로 주는 복을 누리는 것이다. 선한 영향력을 끼치는 성공자가 되라는 것이다.

부정적인 생각으로 미리 포기하는 사람들이 있다. 그들은 작심삼일의 경험이 많아서 두려워한다. 그 두려움 때문에 작심조차 못하는 것이다. 작심삼일은 결심이 굳지 못하기 때문에 발생한다. 그래서 어떤 분은 일 년 365일 동안 작심삼일 백 번만 하면 무엇이든 가능하다고 한다. 나는 이 말에 크게 동의한다. 의지가 약하더라도 마음을 굳게 할 수 있다면 다시 도전할 수 있다. 성공은 실패하지 않는 사람의 몫이 아니라 일곱 번 넘어져도 다시 일어나서 도전하는 사람들의 몫이다.

작심삼일의 연약한 마음을 극복할 수 있는 가장 좋은 방법이 있다. 바로 시각화하는 것이다. 이는 하나님께서 우리에게 주신 가장 지혜로운 비결이다. 목표로 삼은 것을 글로 쓰고 사진으로 붙여서 눈에 잘 띄는 여러 곳에 붙여놓고 보라. 가장 체계적인 방법은 모치즈키 도시타카의 『보물지도』에 나오는 방법으로 시각화하는 것이다. 당신이 머릿속으로만 그리던 꿈을 시각화하면 된다.

나는 3년 전 『보물지도』를 읽고 지금까지 세 번 보물지도를 만들었다. 낙심되고 지칠 때 보물지도를 보며 마음을 다잡았다. 목표와 꿈을 시각화해서 보면 힘을 얻고 열정을 되찾을 수 있다. 물론 나의 시각화의 첫 번째는 하나님의 말씀인 성경을 매일 아침저녁으로 묵상하는 것이다. 성경묵상이 내게 가장 큰 힘을 준다. 그러나 보물지도에 있는 글과 사진으로 구체적인 목표를 시각화할 때도 큰 힘을 얻었다.

두 번째 방법은 자기 자신을 스스로 리드하는 것이다. 미국의 경영학자 맨즈가 제안한 셀프리더십이다. 자기 스스로 리더가 되어 자기 자신을 이끌어가는 리더십을 말한다. 오랫동안 부정적인 사고로 힘들게 살아온 사람들은 시시때때로 부정적인 마음이 올라온다. 그때마다 셀프리더십을 실행하여 자신을 리드해야 한다. 그렇지 않으면 부정적인 마음에 잡아먹힌다.

과거에 자신이 성공했던 경험들을 찾아보라. 그러면 할 수 있다는 마음 자세를 유지할 수 있다. 나는 교회 개척을 한 후 몇 년 간 생각보다 전도가 되지 않아 무기력감에 빠졌었다. 그때 상담대학원의 한 과제가 내가 나를 상담을 하는 것이었다. 그래서 나는 나 자신의 무기력감에 대해서 다루었다.

당시 나는 상담대학원에 입학한 첫 학기였기 때문에 상담을 해본 경험이 별로 없었다. 그래서 무기력감에 빠진 나를 어떻게 상담을 해야 할지 도무지 방향을 잡지 못했다. 고민하며 과제를 하다가 부목사로 사역할 때 교회 성도였던 집사님에게 도움을 요청했다. 그 집사님은 경력이 많고 매우 탁월한 전문상담사였다.

집사님은 전화로 나의 고민과 목표를 듣고 상담을 해주었다. 몇 십분 지나지 않아 나는 무기력감에서 벗어날 수 있는 깨달음을 얻었다. 집사님과의 상담을 통해서 과거의 성공 경험을 떠올린 것이다. 학부 4년 동안 장학금을 받고 수석으로 졸업했던 일, 부목사 사역을 할 때 설교와 제자훈련으로 인정받고 사랑받았던 일 등이 그것이다. 집사님과의 대화를 통해서 나 스스로 발견하고 말하면서 울컥했다. 지금은 어렵지만 과거처럼 해낼 수 있다는 생각이 마음 깊은 곳에서 솟아났다. 그때 나는 무기력감을 벗겨내고 다시 일어났다. 그리고 지금의 상황에 대해서 진솔하게 직면해 분석하고 대안을 찾았다.

성경은 말씀한다. "무릇 지킬만한 것보다 더욱 네 마음을 지키라 생명의 근원이 이에서 남이니라"(잠언 4:23) 이는 다른 모든 것을 지키는 것보다 마음을 지키는 데 힘쓰라는 뜻이다. 마음을 지키라는 것은 소극적인 자세가 아니라 적극적인 의미다. 단순히 부정적인 마음을 피하라는 것이 아니라 긍정적이고 생산적인 마음으로 채워야 한다.

내가 무기력감이라는 부정적인 마음일 때는 아무것도 할 수 없었다. 무기력감에 빠져 소중한 시간을 흘려보냈다. 그러나 셀프 상담을 통해서 성공 경험을 기억하며 할 수 있다는 마음을 갖게 됐다. 그리고 적극적으로 대안을 찾으며 시간을 소중하게 보냈다. 열정적으로 성공을 향해 도전할 수 있었다. 그러니 마음에서 생명이 나는 것이다. 마음이 어떠한지에 따라 그 사람이 삶이 달라진다.

지금 당신의 성공 경험을 찾아보라. 누구든 인생을 살아오면서 성공한 경험이 있다. 차분하게 앉아서 지금까지 살아오면서 성공한 경험들을 기록해보라. 당신은 많은 성공을 경험했다는 것을 알게 될 것이다. 어쩌면 생각보다 많은 성공에 놀랄지도 모른다.

내가 상담을 할 때 자주 쓰는 기법이 있다. 문제 상황에서 예외였던 경험과 성공 경험을 확인하게 하는 것이다. 그리고 그 경험을 분석하게 하고 스스로 다시 실행하는 방법을 찾을 수 있도록 격려한다. 그러면 내담자들은 생각보다 많은 예외 경험과 성공 경험에 놀라곤 한다. 그리고 자기효능감이 높아져서 할 수 있다는 마음의 힘을 얻는다.

포드자동차회사 설립자 헨리 포드는 이렇게 말했다. "세상에는 두 종류의 사람들이 있다. 자신이 할 수 있다고 생각하는 사람과 할 수 없다고 생각하는 사람이다. 물론 두 사람 다 옳다. 생각하는 대로 이루어지기 때문이다."

할 수 있다고 생각하면 할 수 있고 할 수 없다고 생각하면 할 수 없다. 생각하는 대로 이루어진다. 그래서 지금 내 생각이 중요하다. 그 생각은 마음에 영향을 미친다. 그러니 어떤 마음을 가지냐에 따라 삶이 달라지는 것이다. 당신은 스스로 할 수 없는 삶을 살고 싶은가? 할 수 있는 삶을 살고 싶은가? 당신도 할 수 있다. 당신이 마음먹기에 달려있다. 그리고 이제 더 큰 성공을 결심해보자. 목표를 정하고 그 목표를 이루는 나의 모습을 생생하게 그려보자. 당신이 부정적인 마음을 갖지 않도록 자주 시각화하자. 그리고 당신의 성공 경험을 기억하자. 당신은 이미 많은 성공을 이루며 살아왔다. 앞으로도 충분히 성공할 수 있는 힘과 지혜가 있다.

무엇보다 하나님은 선하신 분이시다. 하나님의 능력은 우리의 상상을 초월한다. 그런 하나님께서 우리를 사랑하신다. 우리를 위해 독생자 아들 예수 그리스도까지 내어주셨다. 누구든지 그 사랑을 받아들이면 복된 삶을 살 수 있다. 당신은 사랑받기 위해 태어난 사람이다.

그러니 이 세상 누구보다 크게 성공하기로 결심하자. 당신은 이 세상 누구보다도 행복해야 한다. 눈과 가슴에 큰 성공을 품고 살자. 상상도 할 수 없는 놀라운 일이 벌어질 것이다. 마지못해 살아가지 말고 큰 성공을 꿈꾸자. 더 이상 우물쭈물하지 말자. 부정적인 마음으로 소중한 시간을 흘려보내지 말자. 우리의 결심은 하나님의 능력을 이끌어낸다. 항상 희망으로 가득하고 큰 성공을 기대해야 한다. 하나님께서 우리를 위해 축복을 예비하셨기 때문이다. 하나님은 우리가 크게 성공해서 더 많이 나누는 축복의 통로가 되기를 바라신다.

- 08 -

이미 축복을 받았노라고
확신 있게 신포하라

"말이 씨가 된다."라는 속담이 있다. 말에는 영묘한 힘이 있어서 말하는 대로 된다는 의미이다. 말에는 각인효과가 있어서 같은 말을 반복하면 그대로 된다. 그래서 성공을 결심한 다음에 할 일은 성공을 확신 있게 선포하는 것이다. 성공을 원하는가? 자신의 성공을 확신 있게 선포해보라. 자신의 미래를 열정적으로 말하는 사람은 반드시 바라는 대로 되어 있을 것이다. 복은 말로 표현되어야 복으로 완성된다.

나는 지금까지 확신 있는 말로 축복을 받은 경험이 많다. 특히 만남의 축복을 많이 받았다. 인생에서 받을 수 있는 좋은 복 중의 하나는 만남의 축복이다. 나는 좋은 멘토를 만나서 제자훈련을 받았다. 좋은 담임목사님들과 성도들을 만나서 행복한 부교역자 사역을 할 수 있었다. 지금의 나는 좋은 분들을 만난 결과이다. 그러나 그 중에서도 단연 최고의 축복은 아내를 만난 것이다. 평생을 함께하는 배우자를 잘 만나는 것이 가장 큰 축복이다. 그런 면에서 나는 이미 놀라운 축복을 받은 행복한 사람이다.

나는 신학대학교와 신학대학원 7년 이상을 공부하다가 결혼의 시기를 놓쳤다. 신학대학원을 졸업하니 어느덧 30대 초중반이 되었다. 게다가 교회에서 전임 목회자로 사역을 하다 보니 이성교제를 하기가 쉽지 않았다. 교회 외에는 사람을 만날 기회가 없었다.

그러나 부목사가 되면서 교구를 맡았기 때문에 결혼을 해야 했다. 미혼자가 결혼한 성도들의 문제를 돕기가 쉽지 않기 때문이다. 그래서 성도들이 내가 결혼할 수 있도록 기도해주었다. 36세가 됐을 때 나는 이제 정말 결혼을 해야겠다고 결심했다. 더 이상 늦출 수가 없다는 생각이 들었다. 그래서 더 열심히 기도했다. 기도하는 중에 마음에 감동이 왔다. 아직 만나는 사람도 없었는데 말이다. 나는 믿음으로 아예 날짜까지 정했다. 2015년 6월 27일 토요일이다. 그리고 성도들에게 확신 있게 선포했다. 그때가 2014년이었다.

사실 목사가 날짜까지 선포했는데 못 지키면 많이 민망할 것이다. 어쩌면 목사를 성급하게 여겨 성도들에게 신뢰를 잃을 수도 있을 것이다. 그러나 나는 확신했다. 그리고 내가 선포한대로 2015년 6월 27일 토요일 결혼을 하게 됐다. 확신 있는 선포가 그대로 이루어진 것이다.

어떤 권사님은 농담반 진담반으로 나에게 말했다. 이미 결혼을 약속하고 있었던 것 아니냐고. 그래서 나는 웃으며 말했다. "권사님 제가 선포할 때는 만나는 사람이 없었습니다. 기도가 응답된 것입니다. 그리고 믿음의 확신 있는 선포가 이루어진 것입니다." 그렇다. 나는 마음에 감동이 온 대로 날짜를 정한 후 불안해하지 않았다. 정말 그렇게 될 것이라는 마음에 확신이 들었다. 그 확신이 흔들리지 않으려고 성도들에게 선포했다.

이미 축복을 받았노라고 확신 있게 선포하니 이뤄진 것이다. 사실 결혼까지 가는 과정이 쉽지만은 않았다. 아내를 처음 만나게 된 것도 소개받은 것이 아니라 우연이었다. 그동안 많은 성도들이 내게 소개를 해주었었다. 그렇지만 인연이 되지 않았다. 그런데 소개로 만난 것이 아니라 기적처럼 아내를 만났다.

아내는 나보다 12살이 어리다. 나를 만나서 결혼을 결심하게 됐을 때 아내는 24세였다. 처음 장모님을 만날 때 장모님은 내 얼굴도 쳐다보지 않으셨다. 12살이나 많은 나를 탐탁하게 여기지 않았던 것이다. 그리고 아직 24세인 딸을 시집보내기 싫은 마음이셨으리라. 그래도 장인어른은 나를 마음에 들어 하셨다. 그래서 결혼을 할 수 있었던 것이다.

아내와 나는 12살 차이가 나지만 매우 잘 맞는다. 결혼한 지 7년차가 됐지만 여전히 대화를 많이 하며 행복하게 살고 있다. 내가 배우자를 위해 기도한 내용들이 다 응답됐다. 이미 하나님께서 아내를 준비해주셨던 것이다. 다만 내가 기도하고 믿음으로 확신 있게 선포할 때 평안하게 기다릴 수 있었던 것이다. 그러니 기회가 왔을 때 적극적인 실행력으로 결혼을 할 수 있었다.

나처럼 이미 축복을 받았노라고 확신 있게 선포해보라. 말에는 힘이 있다. 말이 씨가 된다. 무엇보다 하나님께서 우리를 위한 축복을 예비해 놓고 계시다. 부정적인 사람들은 이상하게도 부정적인 일들만 일어난다. 무엇보다 부정적인 사고를 갖고 있기 때문에 불안하고 행복할 수가 없다. 내가 결혼을 확신하며 사람들에게 선포할 때 마음에 기쁨이 있었다. 기대감으로 가득했다. 그리고 '정말 그렇게 되겠냐? 먼저 사람을 만나야 하지 않겠냐?'고 말하는 현실주의자들의 말은 신경 쓰지 않았다. 믿음대로, 말하는 대로 된다고 확신했기 때문이다.

성경 욥기에서는 이렇게 말씀한다. "내가 두려워하는 그것이 내게 임하고 내가 무서워하는 그것이 내 몸에 미쳤구나"(욥기 3:25)

내가 두려워하고 무서워하는 것이 현실에서 일어난다는 것이다. 내가 생각하고 말하는 대로 이루어지는 것이다. 나의 말은 나 자신에게 하는 예언이 된다. 내가 부정적인 생각을 하고 말하여 생명을 부여하면 나는 어느덧 그대로 행동한다. 말에는 엄청난 힘이 있고, 좋은 말이든 나쁜 말이든 나 자신의 의지와 상관없이 말에 생명을 부여한다.

성경을 보면 말의 힘이 얼마나 엄청난 것인지 알게 된다. 하나님께서 천지를 창조하실 때 말씀으로 창조하셨다. 하나님께서 "빛이 있으라 하시니 빛이 있었고."라고 기록하고 있다. 하나님의 형상대로 창조하신 우리에게 말을 할 수 있게 하셨다. 그리고 우리의 말도 창조적인 힘이 있다는 것을 성경에서 알려주셨다.

대표적인 실례가 아브라함과 사라이다. 원래 아브라함의 이름은 아브람이었다. 사라의 이름은 사래였다. 하나님께서 아브람에게 후손을 약속하시며 여러 민족의 아버지가 되게 하시려고 '아브라함'이라고 개명해주셨다. 사래 또한 여러 민족의 어머니라는 뜻의 사라로 개명하셨다. 아브라함과 사라는 서로의 이름을 수없이 불렀을 것이다. 서로의 이름을 부를 때 자연스럽게 여러 민족의 아버지와 어머니라고 반복해서 선포한 것이다. 그리고 하나님의 약속대로 아브라함과 사라는 여러 민족의 아버지와 어머니가 되었다.

예수님은 이적을 행하실 때 믿음을 고백하게 하셨다. 정말로 믿고 자신의 입으로 고백할 때 힘이 생기기 때문이다. 더 나아가 자신의 입으로 고백해야 예수님이 이루어주신 것을 알게 되기 때문이다.

성경 로마서에서도 "사람이 마음으로 믿어 의에 이르고 입으로 시인하여 구원에 이르느니라"고 말씀한다. 이상근 박사는 이 말씀에 대해서『주해신학 로마서』에서 "입의 고백과 마음의 믿음은 신앙의 안팎을 말한다. 마음의 믿음 없이 입의 고백이 없고, 입의 고백 없는 마음의 믿음은 또한 완전치 못하다."라고 했다. 입의 고백 없이는 완전하지 못하다는 것이다. 상담을 할 때도 마찬가지다. 상담자가 내담자에게 말해주는 것보다 내담자 자신이 말해야 치유적인 효과가 크다. 그래서 상담자는 공감과 질문을 통해서 내담자가 스스로 깨닫고 말로 표현할 수 있도록 돕는다.

미국의 심리학자 스티븐 헤이스는 '공개 선언 효과'를 증명했다. 자신의 결심을 공개적으로 선언하면 그 결심을 끝까지 고수하며 실천할 확률이 높아진다는 것이다. 헤이스는 대학생들을 대상으로 목표치는 시험 점수를 공개한 집단과 그렇지 않은 집단을 비교했다. 그 결과 목표 점수를 공개한 집단의 시험 점수가 그렇지 않은 집단에 비해 현저히 높은 것으로 나타났다. 그러니 풍요롭게 살고자 한다면 이미 축복을 받았노라고 확신 있게 선포하자.

진정 풍요로운 삶을 원하는가? 그렇다면 더 이상 부정적인 마음과 말을 버리고 자신의 성공을 선포하라! 당신은 3년 후, 혹은 5년 후 어떤 삶을 살기를 원하는가? 기회가 있을 때마다 열정적으로 말해보라. 그런 사람은 반드시 자신이 바라는 대로 되어 있을 것이다. 생생하게 꿈꾸며 끊임없이 거론하는 것이 중요하다. 말에는 힘이 있다. 말로 표현하면 자기 자신의 잠재의식에 스며든다. 잠재의식은 우리로 하여금 놀라운 삶을 살 수 있게 한다.

내가 요즘 확신 있게 선포하는 말은 이것이다.

'나는 하나님의 놀라운 축복을 받았다.'
'나는 제자훈련 사역자로 많은 사람들을 탁월하게 돕는다.'
'나는 재능발견 코치와 인간관계 성장 코치로 많은 사람들을 탁월하게 돕는다.'
'나는 베스트셀러 작가이다.'

'나는 명강연가와 부흥강사로 초청되어 많은 사람들을 돕는다.'

'나는 영적인 것뿐만 아니라 물질적으로도 풍요로운 삶을 살고 나누는 축복의 통로이다.'

'나를 만나는 사람마다 꿈을 찾고 풍요로운 삶을 산다.'

당신도 자기 선언문을 만들어보라. 당신은 어떤 목표를 이루고 어떤 사람으로 어떻게 성공하고 싶은가? 가슴 뛰는 목표를 세우고 이미 축복을 받았노라고 확신 있게 선포하라. 매일 아침저녁으로 선포하라. 그러면 반드시 이루어질 것이다.

The Biblical Principles of Finance

- 3장 -

달란트 비유가
나의
경제관이 되다

The Biblical Principles of Finance

- 01 -

달란트 비유가
곧 경제 법칙이다

'성경에는 재테크에 관해 어떻게 말씀하고 있을까?' 교회 개척 이후에 재정적인 어려움을 겪으면서 내 머리를 떠나지 않던 화두였다. 나는 성경을 통해서 답을 찾고 싶었다. 그러다 확신하게 됐다. 하나님께서는 우리가 가난하게 살기를 원하지 않으신다는 것을. 하나님께서는 우리를 사랑하신다. 그리고 우리의 필요를 아신다. 때로는 고난을 당할 때도 있지만 고난이 끝이 아니다. 지구촌교회 조봉희 목사는 설교 중에 이렇게 말했다. "하나님은 우리에게 best를 주시기 위해 잠시 test를 주신다." 고난 자체가 목적이 아니라는 것이다. 그래서 고난은 반드시 끝이 있다. 하나님의 목적은 우리에게 최고를 주시는 것이다. 고난의 끝은 하나님의 축복이다.

나는 그동안 재테크에 관심이 없었다. 그러니 이렇다 할 경제관도 없었다. 내가 하는 재테크는 은행에 저축하는 것이 전부였다. 학자금 대출 외에는 대출을 받아본 적이 없었다. 대출은 무조건 안 좋은 것으로만 생각했다. 그래서 과거에 미래 가치가 있는 아파트를 놓치는 어리석은 선택을 했던 것이다. 부목사로 청빙될 때도 사례금이 얼마인지 묻지 않았다. 사례금을 받고 나서 알았다. 그저 있는 바를 족히 여기고 절약하기만 했다. 재테크는 생각조차 하지 않았던 것이다. 돈에 대해 부정적으로 생각했기 때문이다. 결혼을 하고 자녀를 낳아서도 마찬가지였다. 그저 목회만 열심히 했다.

그러다 교회 개척을 한 후 실제적인 어려움을 겪게 됐다. 더 이상 재테크에 무관심할 수 없었다. 아무리 절약해도 수입이 없었기 때문이다. 그나마 하나님의 도우심으로 최소한의 생활은 가능했다. 그래서 간절한 마음으로 기도하며 성경을 연구했다. 그러다 성경에 경제적인 측면도 교훈하고 있음을 발견했다.

가장 눈에 띈 말씀은 신명기 말씀이었다. "네 하나님 여호와를 기억하라 그가 네게 재물 얻을 능력을 주셨음이라" (신명기 8:18) 이 말씀은 하나님께서 이스라엘 백성들에게 재물을 주셨음을 의미한다. 이스라엘 백성들이 애굽에서 나올 때 애굽 사람들에게 은금 패물과 의복을 구하게 하셨다. 하나님께서 애굽 사람들에게 이스라엘 백성들이 구하는 대로 주게 하셨다. 이스라엘 백성들이 400년 이상 노예생활을 한 대가를 받게 하신 것이다.

그러나 이스라엘 백성들이 애굽 사람들에게 요구하지 않았으면 받지 못했을 것이다. 어쩌면 그조차도 이스라엘 백성들에게는 용기가 필요했을 것이다. 오랫동안 그들의 노예로 살아왔기 때문이다. 그러나 하나님께서 약속하셨어도 이스라엘 백성들이 용기를 내 실행해야 받을 수 있는 것이다. 그러니 실행해야 되는 것이다.

하나님께서는 우리에게 재물 얻을 능력을 주셨다. 그렇다면 그 능력을 활용하는 것이 하나님의 뜻인 것이 분명하다. 하나님은 우리에게 지혜를 주신다. 경제 원리도 하나님께서 우리에게 주신 지혜이다. 그것을 선하게 활용하는지 여부는 우리의 수준이자 선택일 뿐이다. 그러나 진정으로 하나님의 사랑을 받았고 하나님을 사랑한다면 재물을 선하게 활용할 것이다.

신명기 말씀을 묵상하며 내가 활용해야할 능력이 무엇일지 고민했다.

그러다 성경에 나오는 달란트 비유가 떠올랐다. 그동안 나는 달란트 비유를 수없이 설교했었다. 영적인 의미로만 말이다. 그러나 달란트 비유에는 영적인 의미만 있지 않다는 것을 깨달았다. 우리의 현실적인 삶에도 분명한 메시지가 있는 것이다. 그때부터 달란트 비유는 나의 경제관이 되었다.

달란트 비유는 주님의 재림을 대비해야 한다는 열 처녀 비유 바로 뒤에 나온다. 소명에 대한 성실과 열심으로 주님의 재림을 대비해야 한다는 것이다. 그러나 우리는 주님이 다시 오실 때까지 모든 면에서 성실과 열심을 다해 선한 영향력을 미쳐야 한다.

달란트 비유를 요약하면 이렇다. 어떤 사람이 타국에 갈 때 종들을 불러 자기 소유를 맡겼다. 주인은 각각 그 재능대로 금 다섯 달란트와 두 달란트, 그리고 한 달란트를 주고 떠났다. 다섯 달란트를 받은 종은 바로 가서 장사해서 다섯 달란트를 남겼다. 두 달란트 받은 종도 그렇게 해서 두 달란트를 남겼다. 그런데 한 달란트 받은 종은 땅 속에 감추어 숨겨두었다.

오랜 후에 달란트를 맡긴 주인이 돌아와서 결산했다. 다섯 달란트와 두 달란트로 이윤을 남긴 종들에게는 '잘하였도다 착하고 충성된 종아 네가 적은 일에 충성하였으매 내가 많은 것을 네게 맡기리니 네 주인의 즐거움에 참여할지어다.'라고 칭찬했다. 한 달란트 받은 종은 주인을 잘못 이해하여 두려워서 감추어두었다고 했다. 그 결과 주인은 한 달란트 가진 종을 책망했다. 그리고 '마땅히 내 돈을 취리하는 자들에게나 맡겼다가 내가 돌아와서 내 원금과 이자를 받게 하였을 것이니라'라고 말하면서 한 달란트를 빼앗아 열 달란트 가진 자에게 주었다. 그리고 그는 쫓겨나게 된다.

여기서 주인은 하나님이고 달란트를 받은 종들은 우리를 의미한다. 달란트 비유는 우리에게 중요한 교훈을 준다.

첫 번째 교훈은 하나님께서 우리 모두에게 각각의 달란트를 주셨다는 것이다. 달란트가 없는 사람은 없다. 그런데도 달란트를 활용하지 못한다면 부정적인 의식의 문제 때문일 것이다. 가난한 사고와 부정적인 정서는 달란트를 인지하지 못하게 하고 활용하지 못하게 한다. 또한 다른 사람들의 달란트는 커 보이고 자신의 달란트는 작아 보이기 때문일 것이다. 그러나 성경에서 말씀하는 금 한 달란트는 현대의 가치로 보면 엄청난 금액이다. 금 한 달란트는 보통 34kg으로 볼 수 있다. 금 한 돈은 3.75g이며 현재 시세는(이 책을 쓰고 있는) 6만7천 원 정도 된다. 오늘날의 가치로 보면 금 한 달란트는 2십 어이 넘는다. 물론 성경이 기록될 시대와 현대의 기준은 차이가 있을 것이다. 그러나 그에 준하는 금액인 것이다. 그러니 내게 있는 달란트가 작다고 불평할 필요가 없다. 한 달란트만으로도 우리는 충분히 풍요롭게 살 수 있다. 더군다나 그 달란트를 활용하여 이윤을 남긴다면 더 풍요로워질 것이다. 그래서 생각과 관점이 중요한 것이다. 반드시 먼저 풍요로운 사고로 무장해야 한다. 그래야 내게 있는 달란트를 인지하고 자신 있게 활용할 수 있게 된다.

두 번째 교훈은 달란트를 활용해서 이윤을 남겨야 한다는 것이다. 성경은 다섯 달란트와 두 달란트 받은 종이 '바로 가서 장사'했다고 말씀한다. 장사를 해서 두 배의 이윤을 남기려면 어떻게 해야 하는가? 장사를 잘 하려면 경제학의 기본인 수요와 공급의 원리에 대해서 알아야 한다. 가격은 수요와 공급에 따라 형성되기 때문이다. 그리고 현재 경제 상황에 대해서 잘 알아야 한다. 금융지식과 마케팅에 대해서도 알아야 한다.

세 번째 교훈은 주인에 대해 바르게 이해해야 한다는 것이다. 한 달란트 받은 종은 주인에 대해서 오해했다. 주인이 심지 않은 데서 거두고 헤치지 않은 데서 모은다고 생각했다. 그래서 두려워서 달란트를 땅 속에 묻어두었다고 한다.

그러나 하나님은 심지 않은 데서 거두는 분이 아니시다. 성경은 '적게 심는 자는 적게 거두고 많이 심는 자는 많이 거둔다'고 말씀한다. 심은 대로 거둔다는 것이다. 하나님은 우리를 위해 축복을 예비하셨다. 그 축복을 받으려면 우리가 심는 행동을 해야 한다. 물론 하나님께서 놀라운 기적을 베푸실 때도 있다. 그러나 하나님의 방법은 주로 심은 대로 거두는 방식이다.

하나님께서 이스라엘 백성들로 하여금 가나안 땅을 정복하게 하시는 것을 보면 알 수 있다. 하나님께서 이스라엘 백성들에게 축복의 땅 가나안을 주실 것이라고 약속하셨다. 그러나 이스라엘 백성들이 믿음의 순종과 수고를 했을 때 가나안을 정복할 수 있었다. 하나님이 우리를 위해 축복을 예비하셨지만 심은 대로 거두는 방식으로 주신다. 우리가 열심히 기도하되 행동해야 하는 것이다. 이 외에도 달란트 비유에는 많은 교훈이 담겨 있다. 이후에 더 자세히 다루겠다.

나는 달란트 비유에서 경제법칙을 깨닫고 재테크에 관련된 책들을 열심히 읽었다. 금융지식을 쌓았고 부동산을 공부했다. 그리고 주식투자도 배웠다. 더 이상 애매한 태도로 우물쭈물하지 않았다. 하나님의 마음을 이해했기 때문이다. 그때 내게 재정의 길이 열리기 시작했다. 아파트 청약에 당첨됐고 소액이지만 주식투자로 수익을 내 생활비에 보탰다. 재테크에 대해서 무지할 때는 좋은 기회들을 놓쳤지만 이제는 기회를 잡고 있다. 아는 만큼 좋은 기회들이 보이기 시작했다.

달란트 비유는 곧 경제법칙이다. 다섯 달란트와 두 달란트를 받은 종들처럼 자신의 달란트를 활용하자. 달란트를 활용하여 이윤을 남기자. 그러려면 금융지식이 있어야 한다. 재테크에 대해서도 열심히 배우고 공부해야 한다. 한 달란트 가진 종처럼 부정적인 생각으로 하나님을 오해하지 말자. 달란트를 묻어두는 것은 하나님의 뜻이 아니다. 가난도 하나님의 뜻이 아니다. 하나님은 우리 모두에게 달란트를 주셨다. 내가 받은 달란트가 작다고 불평하지 말자. 하나님은 크신 분이시다. 하나님이 우리에게 무언가를 주실 때 작게 주시지 않는다. 크게 주신다. 크신 하나님의 뜻을 바르게 이해하여 풍요로운 삶을 살자. 달란트 비유가 곧 경제 법칙이다.

달란트는
두 배의 법칙이다

달란트 비유의 또 다른 교훈은 달란트가 두 배의 법칙이라는 것이다. 주인에게 칭찬을 받은 다섯 달란트와 두 달란트 받은 자는 정확하게 두 배의 결과를 얻었다. 하나님께서 우리 모두에게 달란트를 주셨다. 앞서 말한 바와 같이 달란트 자체가 큰 축복이다. 그 달란트를 잘 활용하면 두 배의 결과를 내는 축복을 받는다. 이를 통해서도 하나님께서 얼마나 크신 분이신지 잘 알 수 있다. 우리가 가난하게 사는 것이 하나님의 뜻이 아니라는 것이다. 하나님께로부터 받은 달란트와 복을 잘 활용하면 풍요로운 삶을 살게 된다. 그 풍요로움으로 타인에게 주는 복을 누리기를 바라신다.

얼마 전 내가 상담사 수련을 받고 있는 기관에서 공개 사례 발표가 있었다. 지도 교수님은 두 명의 발표자에게 이렇게 물었다. "선생님에게 하나님은 어떤 분이신가요?" 발표자 중 한 명은 "나의 아버지십니다."라고 답했다. 다른 발표자는 "하나님은 나의 위로자십니다."라고 했다. 그들의 대답은 자상하시고 따뜻한 하나님을 연상케 했다.

교수님의 질문과 발표자의 답을 듣던 나는 눈시울이 붉어졌다. 나를 사랑하시는 하나님이 떠올랐기 때문이다. 나에게 있어서 하나님은 전부이다. 20년 전 하나님을 인격적으로 만나고 나의 인생은 송두리째 바뀌었다. 나를 사랑하사 나를 위해 독생자 아들 예수 그리스도까지 내어주신 크신 사랑을 마음 깊이 깨달았기 때문이다. 이후 20년간 나는 하나님의 사랑과 은혜로 살았다. 여전히 허물 많고 부족한 나지만 하나님은 매 순간 나를 지켜주시고 보호해주시고 위로해주셨다. 그래서 목사가 됐고 교회를 개척한 것이다. 나를 사랑하신 하나님께서 우리 모두를 사랑하신다는 사실을 전하고 싶었기 때문이다. 나는 하나님을 사랑한다. 그러나 하나님께서 먼저 나를 사랑하셨다. 지금도 나에게 놀라운 사랑을 주신다. 나는 확신한다. 하나님은 나에게 가장 좋은 것을 주시는 분이시라고.

그런데 돌아보면 물질적인 면에서는 하나님의 풍성하심과 크심을 온전히 믿지 못한 것 같다. 그래서 자족이라는 미명하에 겨우 살아갈 수 있는 정도의 물질로 살아왔던 것 같다. 가난을 거룩한 삶으로 오해하고 있었다. 그러나 교회를 개척한 후에 물질의 고난을 받으면서 나의 교만한 아집이 깨어졌다.

하나님은 모든 것의 주관자이시다. 영적인 것만을 주관하는 분이 아니시다. 이스라엘 백성들은 축복의 땅 가나안에 들어가서 살면서 하나님을 오해했다. 물질적인 풍요는 다른 신이 주관하는 것으로 착각한 것이다. 하나님께서 이스라엘 백성들을 풍요롭게 살아가도록 가나안 땅을 주셨는데도 말이다. 이스라엘 백성들은 어리석게도 가나안 원주민들이 믿던 바알 신을 숭배했다. 가나안 원주민들은 바알 신을 풍요의 원천과 원리이며, 땅의 풍요를 가져다주는 비와 폭풍우를 주관하는 신으로 믿었기 때문이다. 그 결과 이스라엘 백성들은 고난을 겪었다. 하나님은 이스라엘 백성들의 오해와는 달리 모든 것을 주관하시는 분이시기 때문이다.

달란트 비유는 두 배의 법칙이다. 달란트를 활용하면 두 배의 결과를 낼 수 있다. 그러나 말씀을 실천하면 그 이상의 결과를 주신다. 예수님은 성경 마태복음에서 이렇게 말씀하셨다. "좋은 땅에 뿌리웠다는 것은 말씀을 듣고 깨닫는 자니 결실하여 혹 백배, 혹 육십 배, 혹 삼십 배가 되느니라"(마 13:23) 하나님의 말씀을 듣고 깨달으면 백배나 되는 결실을 맺는다는 것이다. 백배의 결실은 사람의 노력으로 할 수 있는 일이 아니다 오직 하나님의 축복으로만 가능하다. 물론 이 말씀은 물질의 축복을 의미하는 것이 아니다. 그러나 분명한 것은 하나님은 크게 결실하도록 축복해주신다는 것이다.

성경 창세기에 보면 이삭이 받은 축복이 나온다. "이삭이 그 땅에서 농사하여 그 해에 백배나 얻었고 여호와께서 복을 주시므로 그 사람이 창대하고 왕성하여 마침내 거부가 되어"(창 26:12~13) 이삭은 농사하여 백배의 결실을 얻었다.

이삭이 어떻게 그렇게 큰 축복을 받았을까? 물론 하나님을 믿었기 때문이다. 또 다른 이유는 부모에게서 축복받는 삶의 비결들을 배웠기 때문이다. 이삭은 하나님께서 아브라함과 사라에게 주신 약속의 자녀이다. 이삭은 어려서부터 부모로부터 신앙의 교육을 철저히 받았을 것이다. 그러나 더 중요한 교육은 아브라함과 사라의 삶 자체에 대한 교육이었다. 자녀는 아버지의 등을 보고 배운다는 말이 있다. 아버지의 말보다는 행동을 보고 배운다는 의미다. 이삭은 아버지 아브라함의 삶의 모습으로부터 신앙의 유산을 물려받았다.

성경에 나오는 이삭은 모난 것이 없는 사람이었다. 성경에 보면 그런 그도 두 번의 잘못을 범했다. 그 중의 하나는 아버지가 했던 잘못을 그대로 되풀이한 것이다. 아브라함이 가나안 땅에 있을 때 기근이 심하게 들었다. 아브라함은 기근을 피해서 물이 풍부한 애굽으로 갔다. 그런데 막상 애굽에 도착하니 두려워졌다. 아내인 사라가 아름다워서 애굽 사람이 아내를 빼앗기 위해 자신을 죽일지도 모른다고 생각했다. 그래서 아브라함은 아내를 누이라고 속였다. 그것도 두 번이나 말이다. 그런데 놀라운 것은 이삭도 아내 리브가를 누이라고 속였다는 것이다. 이삭도 아버지 아브라함과 같은 마음이었다. 이렇게 부모의 삶의 본이 중요한 것이다.

부모가 가난을 불러오는 의식과 말을 자주하면 그 모습을 보고 자란 자녀도 그대로 재현한다. 자녀가 가난한 삶을 살기를 바라지 않는다면 공부만 강조할 일이 아니다. 먼저 자기 자신의 의식과 말을 점검하고 바꾸어야 한다. 가난을 불러오는 모든 것을 버리고 풍요를 불러오는 의식과 말을 하는 것이 가장 중요하다.

내가 아는 한 여성은 어머니에게 부정적인 잔소리를 많이 들으며 자랐다. 그녀의 어머니는 딸이 잘되기를 바라는 마음으로 교육하기 위해서 잔소리를 했을 것이다. 그러나 결과는 전혀 다르게 나타났다. 어머니의 부정적인 잔소리는 그녀의 자존감을 저하시킨 것이다. 그녀는 자기효능감도 낮아서 늘 불안해하며 우울해한다. 자신은 잘하는 것이 없다고 토로한다. 지금도 진로를 어떻게 정해야 할지 고민이 많다 또한 지나가는 사람들과 자신을 비교하며 우울해한다. 낮은 자존감은 부정적인 열등감으로 나타났다. 남자친구가 자신을 사랑하고 적극적으로 표현해도 그 사랑을 받아들이지 못한다. 그녀는 남자 친구에게 이렇게 묻는다고 한다. "왜 예쁜 여자들이 많은데 나를 좋아하니?" 그런 그녀의 마음이 얼마나 힘들겠는가? 나는 안타까운 마음으로 그녀에게 물었다. 누가 당신을 칭찬하면 받아들이겠느냐고. 그녀는 믿을만한 누군가가 자신에게 말해주면 믿을 것 같다고 했다. 그러면 어떤 사람이 믿을만한지 다시 물었다. 결국 그녀는 자기가 자신에게 진심으로 말하면 믿게 될 것이라고 말했다. 그녀 자신의 생각의 문제였던 것이다.

부모는 자녀를 사랑하고 자녀가 잘 되기를 바라서 잔소리를 할 것이다. 그러나 부정적인 잔소리는 자녀의 내면을 망가뜨린다. 부모의 부정적인 잔소리는 조건화된 가치로 자녀의 내면에 자리 잡는다. 그러니 먼저 자녀를 있는 그대로 소중하게 수용해주어야 한다. 그럴 때 자녀는 자신을 있는 그대로 수용할 수 있게 된다. 자기 자신을 있는 그대로 수용하고 존중해야 자신의 달란트도 발견할 수 있게 된다. 그래야 무엇이든지 자신 있게 도전하고 실행할 수 있는 것이다. 그것이 자녀가 성공할 수 있게 하는 비결이다.

그러니 자녀가 잘 되기를 바란다면 먼저 자신의 의식과 말을 바꾸라.

자녀의 공부보다 그것이 먼저다. 성공은 성적순이 아니다. 행복도 성적순이 아니다. 자신의 달란트를 발견하고 두 배의 결과를 낸 사람들이 성공한다. 자신의 달란트를 발견하고 활용하는 사람이 행복해진다.

달란트 비유에서 배우자. 하나님은 우리 모두에게 놀라운 달란트를 주셨다. 그 달란트를 활용하면 두 배의 결과를 얻도록 축복해주신다. 당신에게도 당신만의 달란트가 있다. 당신의 달란트를 활용해서 두 배의 결과를 얻어 풍요로운 삶을 살자. 타인에게 베푸는 삶을 살자. 풍요로움은 내가 받은 달란트에서부터 시작된다.

내게 있는 달란트를
알면 성공한다

내게 있는 달란트를 아는 것이 성공의 비결이다. 두 배의 결과를 낸 종들은 자신의 달란트를 알았다. 자신이 받은 달란트의 가치를 알고 활용했다. 그 결과는 두 배였다. 그러나 대부분의 사람들은 자신의 달란트가 무엇인지 잘 모른다. 아니 자신에게 달란트가 있다는 사실조차 믿지 못하는 경우도 허다하다. 그러니 성공하기 원한다면 먼저 자신에게 달란트가 있음을 믿어야 한다. 그리고 그 달란트가 무엇인지 알아야 한다.

내게 있는 달란트를 아는 방법이 무엇일까? 먼저 자기이해가 있어야 한다.

"1분 동안 자기 자신에 대해서 소개해보세요." 10년 전 기독교 상담 과정에서 집단 상담을 받을 때의 첫 질문이었다. 나는 갑작스러운 질문에 당황스러웠지만 나름대로 자기소개를 했다. 그런데 생각보다 쉽지 않았다. 이름, 나이, 사는 곳, 하는 일, 가족관계 등 몇 가지 말하고 나니 생각나지 않았다. 나만 그런 것이 아니었다. 20여 명의 집단상담 참여자들 대부분이 나와 비슷했다. 생각보다 자기 자신에 대해서 잘 알지 못하는 것이다.

우리는 살면서 자기 자신에 대해서 소개하는 경우가 있다. 그런데 그것이 자기 자신에 대한 정확한 소개일까? 물론 처음 만난 사람에게 자기소개를 정확하게 할 의무는 없다. 그러나 좋은 관계를 맺으려면 서로에 대해 자세히 알아야 할 것이다. 그렇지 않다면 피상적인 관계에 지나지 않는다.

어떤 사람들은 "나도 나를 잘 모르는데……."라고 말한다. 그러나 자기 자신에 대해 잘 모르면 행복하게 살아가기는 요원하다. 자신이 무엇을 원하고 가치 있게 생각하는지 모르기 때문이다. 뿐만 아니라 자신이 무엇을 잘하고 무엇을 좋아하는지도 제대로 알 수 없을 것이다.

청소년이나 청년들을 상담해보면 대인관계와 진로에 대한 고민이 가장 많다. 특히 진로에 대한 고민은 부족한 자기이해에서 온다. 자기이해가 부족하니 자기 자신이 무엇을 잘하고 좋아하는지 정확하게 알지 못하는 것이다. 자기 이해가 부족할 때 많은 시간을 허비하게 된다. 부모의 권유나 사회적인 평가에 의해 전공과 직장을 다니게 되기 때문이다. 결국 얼마 지나지 않아서 그만두게 된다. 그나마 중간에 그만두는 사람은 용기 있는 사람이다. 용기가 없는 사람들은 더 많은 시간을 힘겹게 살아간다. 그러니 지나온 인생이 후회로 가득한 것이다.

과거 우리의 부모세대들은 직장이 자기 자신의 적성과 맞지 않더라도 견뎌냈다. 그분들이 가장 중요하게 여긴 가치는 자신의 적성이 아니라 가족들을 책임지는 것이었기 때문이다. 그러나 적성에 맞지 않는 일을 평생 동안 했으니 얼마나 힘들었겠는가? 그러니 자기 이해가 깊어져야 한다. 자기 자신에 대한 이해가 깊으면 깊을수록 삶은 훨씬 수월하고 행복해진다. 그리고 깊은 자기 이해는 자신의 적성, 즉 자신에게 있는 달란트를 알게 한다.

두 번째는 자기 자신을 있는 그대로 사랑하는 것이다. 달란트를 발견하지 못하는 이유 중 하나는 자기 자신을 사랑하지 못하기 때문이다. 그래서 자기 자신을 올바로 보지 못한다. 그동안 많은 사람들을 만나고 상담하면서 느낀 바가 있다. 누구나 각자의 매력과 달란트가 있다는 것이다. 그런데 정작 당사자는 그 사실을 모른다. 그래서 나는 그들의 매력과 달란트를 말해주지만 쉽게 받아들이지 못한다. 상담사나 목사의 겉치레로 여기는 것이다. 그리고 자신의 단점과 없는 것에 집중한다. 얼마나 안타까운지 모른다.

우리 모두는 사랑받기 위해 태어난 사람이다. 그러나 먼저 내가 나 자신을 사랑해야 한다. 하나님은 "네 이웃을 네 몸같이 사랑하라"라고 하셨다. 이 말씀을 잘못 이해하면 안 된다. 나를 사랑하지 못하는 사람이 이웃을 어떻게 사랑할 수 있겠는가? 설사 이웃을 사랑하는 것처럼 보이더라도 그것은 진정한 사랑이 아니라 의무감일 것이다. 사랑을 받아본 사람이 사랑을 할 수 있다.

많은 그리스도인들이 이타적인 사랑을 교육받았다. 그러다보니 정작 자기 자신에 대해서는 희생과 섬김만 강요하며 피폐해져 간다. 십자가도 자신을 사랑하는 사람이 질 수 있는 가장 수준 높은 사랑인 것이다. 십자가의 사랑을 주신 예수님은 자신을 사랑하셨다.

예수님은 성부 하나님의 사랑을 온전히 받아서 누리셨다. 그래서 우리를 위해 십자가까지 지시는 사랑을 주셨던 것이다. 하나님은 당신을 사랑하신다. 당신을 위해서 예수 그리스도는 이 땅에 오셨다.

성경 스바냐에는 이렇게 말씀한다. "너의 하나님 여호와가 너의 가운데에 계시니 그는 구원을 베푸실 전능자이시라 그가 너로 말미암아 기쁨을 이기지 못하시며 너를 잠잠히 사랑하시며 너로 말미암아 즐거이 부르며 기뻐하시리라" (스바냐 3:17)

하나님께서 당신을 사랑하신다고 말씀한다. 하나님께서 당신 때문에 즐거이 부르며 기뻐하신다고 말씀한다. 어떤 목사는 이 말씀을 "당신 때문에 하나님이 기뻐 뛰시며 춤을 추신다."라고 표현했다. 나는 그 목사의 말에 전적으로 동의한다. 내가 그 하나님을 만났기 때문이다. 하나님께서 나를 만나주셨을 때 내가 어떤 선한 행위를 하고 있을 때가 아니었다. 오히려 내가 방황할 때 나를 만나주셨다. 나는 나를 사랑하시는 하나님을 마음 깊이 느꼈다. 내가 나 자신을 진정으로 사랑하게 됐을 때 다른 사람을 볼 수 있었다. 그때 다른 사람을 사랑해줄 수 있었다.

진정한 사랑이란 무엇일까? 있는 모습 그대로 인정하고 존중하는 것이다. 어떤 조건이 있다면 진정한 사랑이라고 볼 수 없다. 그 조건은 시간이 지나면 바뀔 수 있기 때문이다. 존재 자체를 사랑하는 것이 진정한 사랑이다. 그러니 자기 자신을 사랑하라. 자신을 향한 오해와 왜곡된 시선을 벗어버리려면 자신을 사랑해야 한다. 그때 비로소 자신의 달란트를 발견하게 될 것이다.

나도 나 자신을 사랑하지 않을 때는 내가 잘 하는 것이 무엇인지 알지 못했다. 나를 사랑하지 않으니 부정적인 열등감으로 가득했다. 사실 내가 열등감이 있었는지도 잘 몰랐다. 나 자신을 사랑하게 됐을 때 내가 열등감이 있었다는 것을 알게 됐다.

나의 열등감은 아버지의 차별 대우와 뛰어난 형으로부터 비롯됐다. 아버지는 우리 삼남매 중 장남인 형을 특별히 사랑하셨다. 어린 시절부터 형은 자신감이 넘쳤다. 그리고 예체능 쪽 자질은 타고났다. 형은 초등학교 때 조각칼로 분필을 깎아서 자동차를 만들었다. 중학교 때는 형이 그린 그림을 보고 미술학원 원장님이 키우고 싶다고 할 정도였다. 기계에 관련된 것은 다 잘 했다. 게다가 운동도 또래에 비해 월등하게 잘했다. 아마도 형이 달란트를 잘 활용했다면 엄청난 성공을 이뤘을 것이다.

그런 형에 비해 나는 지극히 평범했다. 형처럼 예체능에 특출하지 못했다. 게다가 어린 시절에 세 살이라는 차이는 큰 것이었다. 내가 형을 이기기는 불가능해 보였다. 아니 형과 비슷한 수준이기만 했어도 괜찮았을 것이다. 그래서 나는 내가 잘하는 것이 없다고 생각했다. 그러니 무언가를 열심히 하지 않았다. 그런 내가 달란트를 발견할 수는 없었다.

그러다 하나님을 만나고 나를 사랑하게 되면서 할 수 있는 것을 하기 시작했다. 그동안 해보지 않은 것들을 할 때 두려웠다. 그런 과정을 견뎌내고 도전했을 때 내가 잘 하는 것을 발견할 수 있었다. 하나님께서 내게 주신 달란트를 발견한 것이다.

그리고 형에게 느낀 열등감이 나의 달란드가 되있다. 그것은 성실함과 끈기이다. 돌아보니 초등학교 4학년 때부터 중학교 1학년 때까지 신문배달을 했다. 처음 신문배달을 한 것은 누나와 형인데 4년간 끈기 있게 한 것은 나였다. 그리고 초등학교 6학년 때부터 고등학교 2학년 때까지 외삼촌이 운영하던 합기도 도장을 다녔다. 형과 누나도 같이 시작했지만 가장 오래한 것은 나였다. 무엇이든 처음부터 남들보다 잘하는 형에 대한 열등감은 나로 하여금 끈기를 갖게 했다. 끈기는 나를 사랑하게 된 이후에 더 발전됐다. 형에 대한 열등감이 나의 달란트가 된 것이다. 때로는 열등감이 자신의 달란트가 되기도 한다.

개인심리학을 창시한 심리학자 알프레드 아들러는 인간은 필연적으로 열등감 또는 부적절감을 가질 수밖에 없다고 한다. 그러나 열등감이 행동 동기를 부여하는 추진력이며 모든 노력의 원천이라고 한다. 오히려 인간의 성장과 진보는 열등감을 보상하려는 시도의 결과라는 것이다.

어떤 사람이 열등감을 극복하고 자기완성을 이룰 수 있을까? 자기 자신을 건강하게 사랑하는 사람이다. 그러니 자기 자신을 사랑해야 한다. 자기 자신을 사랑할 때 열등감조차 달란트로 승화시킬 수 있다.

성공하기를 원하는가? 당신에게 있는 달란트를 반드시 알아야 한다. 당신의 달란트를 알기 위해서는 자기이해가 깊어야 한다. 자기이해가 깊으면 인생을 허비하지 않는다. 그리고 당신 자신을 건강하게 사랑해야 한다. 자기에 대한 건강한 사랑은 열등감조차 달란트로 승화시킨다. 당신을 사랑하는 것이 달란트를 아는 비결이다. 당신의 달란트를 알기를 힘쓰라. 당신에게 있는 달란트를 알면 반드시 성공한다.

당신의 달란트는
성공의 보증수표다

하나님께서 당신을 이 세상에 보내실 때 달란트를 주셨다. 그것을 얼마나 빨리 발견하느냐에 따라 성공여부는 결정된다. 자신의 달란트를 발견하려면 자신의 장점에 주목해야 한다. 그런데 대부분의 사람들이 자신의 장점 보다 단점을 더 많이 본다. 그러니 자신이 무엇을 잘 하는지 모르는 것이다. 내게 있는 달란트를 발견하려면 부정적인 정서를 버리고 장점을 봐야 한다. 이것이 내게 있는 달란트를 발견하는 세 번째 방법이다.

어떤 인디언 추장이 어느 날 어린아이들의 마음속에도 그들 나름대로의 고민과 갈등이 있는 것을 보게 됐다. 그 아이들의 고민을 보고 말했다.

"사람들의 마음속에는 언제나 늑대 두 마리가 있단다. 그런데 그 중 한 마리는 아주 악한 늑대로서 화를 잘 내고 질투하고 시기하고 거만하고 거짓말하고 교만한 아주 못된 놈이란다. 다른 한 마리는 늘 평안하고 사랑이 많고 소망을 주고 인내하고 온유하고 겸손하고 복스러운 놈이란다. 이 두 마리가 항상 싸운단다."

추장의 말에 아이들이 동의했다. "그래요. 내 마음에도 늑대가 두 마리 있어요." 그 중에 한 아이가 물었다. "추장님의 마음속에도 늑대가 있나요?" 추장은 대답했다. "그럼 내 마음속에도 늑대가 두 마리 있지." 그 아이는 호기심 가득한 눈으로 다시 물었다. "두 마리가 싸워서 누가 이겼나요?" 추장은 빙그레 웃으면서 대답했다. "내가 먹이를 주는 놈이 이겼지."

당신은 당신 안에 있는 어떤 늑대에게 먹이를 주고 있는가? 누구나 장점과 단점이 있다. 내가 무엇을 보느냐에 달려 있다. 나의 단점을 보면 무기력해지고 우울해진다. 열등감에 빠져 허우적거리게 된다. 반대로 장점을 보면 '할 수 있다'는 자신감을 갖게 된다. 도전정신을 갖게 되는 것이다.

자신의 단점을 보는 경향성은 지난날 학교교육의 편협한 평가에서 비롯된 것일 수 있다. 과거에 IQ(지능지수) 검사에 의해 학생들의 능력을 평가받던 때가 있었다. 100점을 평균으로 해서 학생들을 평가했다. 그러나 이제는 IQ 검사만으로 평가하지 않는다. 다중지능의 척도가 보다 중요시되고 있다. 심리학자 하워드 가드너는 음악지능, 신체운동지능, 논리수학지능, 언어지능, 공간지능, 인간친화지능, 자기성찰지능, 자연친화지능, 실존지능 등 다중지능을 제시했다. 개인의 타고난 특성이나 재능이 각각 다르다는 것이다.

그런데 여전히 우리 사회는 IQ와 관련된 학업성취능력에 집중하고 있다. 그래서 부모들이 자녀들에게 학업성적을 기준으로 평가하고 부정적인 말을 한다. 나의 아내도 중학교 시절 어머니에게 큰 상처를 받았다고 한다. 아내가 중학교 2학년 때 평균 87점을 받았다. 자신은 그래도 괜찮은 점수라고 생각했는데 어머니는 대노하셨다.

그리고 아내에게 이렇게 말씀하셨다. "식당하면서 죽어라 일해서 학교 보냈더니 이걸 점수라고 받아왔냐? 이게 꼴등이지." 어머니는 기대에 미치지 못한 딸의 점수에 속상하셨던 것이다. 그래서 딸이 더 열심히 하도록 혼을 내셨을 것이다. 그러나 어머니의 말에 아내는 큰 상처를 받았다. 지금까지 자격지심이 있다.

학업성적이 전부가 아니다. 아내는 음악지능과 신체운동지능 그리고 인간친화지능이 높다. 그래서 작년에 음원을 냈고 지금은 주부 모델에 도전하여 본선 진출까지 했다. 아내는 도전정신이 아니었다면 무기력감과 자격지심으로 고통스러운 삶을 살고 있을 것이다.

〈한책협〉의 김도사는 자신의 IQ가 89이며 전문대 졸업자라고 당당하게 말한다. 그러나 그는 지금 엄청난 부를 이루었고 성공가도를 달리고 있다. 많은 사람들을 작가가 될 수 있도록 돕고 있다. 뿐만 아니라 달란트로 성공할 수 있도록 돕는 선한 영향력을 끼치고 있다. 나도 그의 도움으로 이 책을 쓰고 있다.

우리가 조금만 주위를 살펴보면 학력과 스펙이 아닌 자신만의 달란트로 성공한 사람들을 볼 수 있다. 축구선수 손흥민, 방탄소년단, 방송인 유재석 등이 그들이다. 그들의 공통된 특징은 자신의 달란트를 발견하고 끊임없이 도전했다는 것이다. 그들의 도전정신과 성공이 많은 사람들을 위로하고 일깨우고 있다. 자신의 달란트와 도전정신으로 이 사회에 선한 영향력을 끼치고 있는 것이다.

성공한 사람들은 대부분 자신의 달란트를 극대화하고 거기에 집중했다. 결정적 순간은 자신의 달란트에서 만들어진다. 성공한 사람들은 자신의 달란트를 매우 잘 활용한 사람들이다. 당신에게 있는 달란트를 어떻게 확인할 것인가? 당신의 장점에 주목하라. 당신의 장점이 무엇인지 하나하나 세세하게 기록해보라. 아주 사소한 것도 괜찮다. 거기에 당신의 달란트가 있다.

성공하기 위해 달란트와 함께 반드시 필요한 것이 도전정신이다. 달란트가 있어도 도전하지 않으면 활용할 수 없기 때문이다. 그런데 도전하는 과정에서 실패할 때가 있다. 실패했을 때 도전하는 것이 진정한 도전이다.

에드먼드 힐러리는 세계에서 가장 높은 산인 에베레스트를 최초로 등정했다. 그도 에베레스트 산을 한 번에 정복한 것은 아니다. 1940년대 초, 청년 에드먼드 힐러리는 에베레스트 산 정복에 나섰다가 실패했다. 그는 내려오는 길에 이런 유명한 말을 남겼다.

"산아, 너는 자라나지 못한다. 그러나 나는 자랄 것이다. 나의 기술도, 나의 힘도, 나의 경험도, 나의 장비도 자라날 것이다. 나는 다시 돌아온다. 그리고 기어이 네 정상에 설 것이다."

그로부터 약 10년 후인 1953년 5월 29일에 네팔출신 셀파와 함께 역사상 처음으로 에베레스트 산 정상을 정복했다. 그는 실패를 통해 교훈을 얻은 것이다. 그리고 더 철저하게 준비해 결국은 세계에서 가장 높은 산 에베레스트를 정복할 수 있었던 것이다.

'실패는 성공의 어머니다.'라는 말이 있다. 영화배우 데이비드 켈리는 "빨리 실패하라. 그러면 더 빨리 성공할 것이다."라고 했다. 실패를 통해 우리는 교훈 받는다. 다음에 잘할 수 있는 방법을 찾게 된다. 지금까지 기울였던 노력보다 더 노력을 쏟게 된다. 이것이 성공을 이루게 한다. 달란트가 있어도 도전정신이 없으면 성공할 수 없는 것이다.

당신의 달란트는 성공의 보증수표이다. 달란트를 알아야 자신감이 생긴다. 달란트를 분명하게 알면 자기 확신이 생기고 성공을 확신하게 된다. 그러면 더 쉽게 도전정신을 가질 수 있다. '할 수 있다.'라는 자신감이 있기 때문이다. 자신의 달란트를 확인하면 끈기도 계발할 수 있다. 관계의 능력도 계발할 수 있다. 확고한 신념으로 달려갈 수 있는 자신감이 생긴다. 그러니 당신의 달란트를 확인하라. 자기이해를 위해 시간을 들여라. 자기 자신을 있는 그대로 수용하고 사랑하라. 당신은 사랑받기 위해 태어났다. 당신은 사랑받을만한 매력과 자격이 있다. 그리고 당신의 단점이 아닌 장점에 집중하고 기록하라. 그러면 당신에게 있는 달란트를 발견할 수 있을 것이다. 당신이 달란트로 성공하라. 당신이 달란트로 성공할 때 우리 사회에 선한 영향력을 끼친다. 당신을 통해 또 다른 성공자가 나온다. 이것이 선순환 법칙이다. 하나님은 당신이 달란트로 성공하길 바라신다. 당신에게 달란트를 주신 분이 하나님이시기 때문이다.

05

달란트를 묻어두지 말고
활용하라

"유튜브 영상 만드는 것도 일이잖아요." 얼마 전 유튜브 동영상을 만들어 보라는 내 말에 지인이 한 말이다. 그는 실력 있는 전문 상담사이다. 상담사로서 달란트가 많다. 아동상담과 여러 가지 심리검사에도 해박하다. 게다가 박사 과정까지 이수했다.

요즘 사람들은 상담에 대해 관심이 많다. 특히 자녀 양육이나 부부관계 개선에 대한 관심은 굉장하다. 그래서 대부분의 교회에서 '어머니 기도회'와 '아버지 학교' 그리고 '부부학교' 프로그램을 운영한다. 내가 부목사로 사역했던 교회들은 대부분 이 프로그램들을 운영했다. 코로나19 상황 때문에 지금은 주춤하지만 한동안 대부분의 교회가 상담 프로그램을 운영했었다. 그러나 코로나19로 사회적 거리두기를 하기 때문에 유튜브는 더 효과적이라 생각한다.

최근 청년들 사이에서 MBTI 성격유형 검사가 유행이다. 내가 현재 상담사로 수련하고 있는 상담센터에서도 학생들이 많이 신청하고 있다. 그래서 나도 MBTI 성격 유형검사를 열심히 공부했다. 책도 읽었지만 전문가들이 만든 유튜브 영상이 도움이 됐다.

그 지인은 지금도 상담사로서 많은 사람들을 돕고 있지만 내가 보기엔 아쉬움이 있다. 만일 그가 유튜브 영상을 제작한다면 더 많은 사람들에게 도움을 줄 것이기 때문이다. 그리고 유튜브 영상으로 더 좋은 기회들을 얻을 수도 있을 것이다. 요즘 얼마나 많은 유튜버들이 사람들에게 유익을 끼치고 좋은 결과를 얻고 있는가.

자신이 가진 달란트를 활용한 사람 중에 김지윤 소장이 있다. 김지윤 소장은 대학 기독교 연합동아리 IVF의 간사 출신으로서 연애상담을 한다. 특유의 입담과 공감 가는 강의로 많은 청년들에게 도움을 주고 있다. 처음에는 기독교 연합동아리 간사 출신이었기 때문에 교회 청년부의 초청강사로 활동했다. 김지윤 소장은 탁월한 실력으로 입소문이 나면서 유명 연애강사가 됐다. 자신의 달란트를 묻어두지 않고 활용해 많은 사람들을 돕고 좋은 결과도 얻었다. 나도 김지윤 소장의 강의 영상과 책을 읽고 많이 배웠다. 그것을 참고로 해 청년들에게 연애상담을 해주었다.

그렇다. 자신의 달란트를 묻어두지 않고 활용할 때 기회를 잡게 된다. 더 나아가 많은 사람들에게 선한 영향력을 끼친다. 달란트를 활용하려면 도전 정신과 용기가 필요하다.

한 달란트 받은 종은 주인에 대해 오해해서 두려워했다. 그래서 달란트를 활용하지 않고 묻어 두었다. 그 결과는 참담했다. 달란트를 활용하려면 먼저 하나님을 오해하지 말아야 한다. 그리고 두려움을 극복해야 한다. 달란트가 있어도 두려움이 있으면 활용하지 못하기 때문이다.

두려움을 극복하는 방법 중 하나는 실행하는 것이다. 우리가 무언가를 처음 시도할 때는 두려움이 앞선다. 누구나 처음은 두렵기 마련이다. 실행하기 전까지 그 두려움은 사라지지 않는다.

내가 아는 청년은 30대가 됐는데도 취직을 하지 못했다. 아직 이력서도 한번 제출해보지 않았다. 두려움이 많기 때문이다. '다음에 해야지.'라는 생각으로 미루다 보니 어느덧 30대가 된 것이다. 그래서 나는 그에게 고용복지센터에 가서 청년층 직업지도프로그램에 지원하라고 했다. 그는 용기를 내어 고용복지센터에 갔다. 그런데 생소한 장소와 사람들에게 두려움을 느끼고 긴장한 나머지 그냥 돌아왔다. 직원에게 가서 물어보기만 하면 되는데 두려움에 압도당한 것이다. 나는 그에게 용기를 내서 다시 시도해볼 것을 권면했다. 그는 다시 고용복지센터에 갔다. 그리고 직업지도프로그램에 참여할 수 있었다. 두려움을 극복하기 위해 실행했을 때 새로운 도전을 할 수 있게 됐다.

두려움은 내가 가진 달란트를 활용하지 못하게 한다. 두려움을 극복하지 못하면 자신의 달란트를 묻어두게 된다. 그 결과는 더 큰 두려움으로 삶을 피폐하게 만든다.

내가 교회 청년부에 다닐 때 찬양을 인도하는 누나가 있었다. 그녀는 현직 초등학교 교사였다. 강단에 서는 경험이 많았다. 그리고 찬양을 얼마나 잘하고 은혜롭게 인도하는지 모른다. 어느 날 그녀와 대화를 하다가 의외의 말을 듣고 깜짝 놀랐다. 처음 찬양 인도하는 날 예배 전에 화장실에서 펑펑 울었다는 것이다. 찬양 인도하는 것이 너무 두려웠다고 한다. 늘 자신감에 차 있는 그녀의 평소 모습으로 봐서는 상상이 되지 않았다. 그러나 그녀는 두려움에 맞서서 찬양을 인도했다. 아무도 그녀가 두려움에 눈물을 흘렸다는 사실을 모를 정도로 은혜롭게 찬양을 인도했다.

　나도 처음 교회에서 설교를 할 때는 두려움이 앞섰다. 그래서 얼마나 많이 준비하고 연습했는지 모른다. 예배를 드리는데도 설교할 생각에 예배에 집중하지 못했다. 설교하기 전까지 나 홀로 망망대해에 떠 있는 것 같은 느낌에 압도당했다. 할 수만 있으면 도망가고 싶었다. 그런데 이미 예배는 진행되고 있었다. 도망갈 수조차 없었던 것이다. 그래서 두려움과 긴장을 누그러뜨리기 위해 온갖 애를 썼다. 그러나 막상 설교를 시작했을 때 두려움은 사라졌다. 떨리고 긴장되긴 했지만 생각보다 어렵지는 않았다. 다음 주 설교를 할 때도 긴장됐지만 한번 해봤기 때문에 훨씬 수월했다. 나는 설교에 점점 자신감을 갖게 됐다. 점차 경험이 쌓이면서 내가 설교에 달란트가 있다는 것을 알게 됐다.

　두려움을 극복하기 위해서는 실행해야 한다. 실행할 때 두려움을 극복하게 되고 달란트를 찾게 된다. 누구나 처음은 두렵다. 두려움을 극복하고 실행하는 사람이 달란트를 활용할 수 있다. 달란트를 활용할 때 이익을 남기고 성공하게 된다. 활용하지 않는 달란트는 아무런 의미가 없다.

　하나님이 우리에게 달란트를 주신 것은 크게 두 가지 이유가 있다. 하나는 받은 달란트를 활용하는 것이다. 우리가 달란트를 활용하여 풍요로운 삶을 살 수 있도록 주신 것이다. 다른 하나는 달란트를 활용해서 타인에게 도움을 주는 것이다. 우리 각자가 가진 달란트는 다양하다. 자신의 위치에서 달란트를 활용한다면 서로에게 도움이 되는 삶을 살게 될 것이다. 우리 모두가 달란트를 활용한다면 우리 사회는 더 아름답게 발전할 것이다. 그것이 하나님이 우리에게 달란트를 주신 이유다.

그러니 내가 가진 달란트를 묻어두지 않고 활용해야 한다. 달란트는 활용하면 할수록 더 커진다. 우리가 잘 알듯이 사람의 신체는 사용할수록 발달한다. 반대로 사용하지 않는 신체는 퇴화한다. 신체뿐만이 아니다. 정신도 마찬가지다. 사용할수록 발달하고 사용하지 않으면 퇴화된다.

하나님께서 우리를 그렇게 창조하셨다. 자신이 가진 달란트를 활용하는 것도 그렇다. 한 달란트 받은 종은 땅속에 묻어두었다. 그래서 하나가진 달란트마저 빼앗겼다. 그리고 주인은 말한다. "무릇 있는 자는 받아 풍족하게 되고 없는 자는 그 있는 것까지 빼앗기리라"(마태복음 25:29) 이 말씀에 하나님의 뜻이 담겨 있다. 달란트를 활용하지 않으면 빼앗긴다는 것이다.

자신의 달란트를 활용하면 성공을 경험한다. 성공 경험은 할 수 있다는 자신감을 갖게 한다. 그래서 또 다른 도전을 할 수 있게 된다. 그러면 더 크게 성공하게 된다. 자신의 지경이 넓어지고 더 큰 결과를 얻게 되는 것이다. 그래서 물질적으로 점점 더 풍요로워지고 심리적으로도 자신감을 얻고 여유를 갖게 된다.

당신은 자신의 달란트를 잘 활용하고 있는가? 지금 달란트를 활용할 방법을 찾아보자. 생각보다 달란트를 활용하는 방법들은 많다. 당신이 풍요로운 삶을 살고 싶다면 반드시 당신의 달란트를 활용해야 한다. 당신의 달란트를 활용하면 풍요로운 삶이 될 것이다. 그리고 세상에 유익을 끼치는 의미 있는 삶이 될 것이다. 그러니 달란트를 묻어두지 말고 용기를 내어 활용하자.

06

성공은 아이디어가 아닌
실행하는 것에 있다

영국의 화가이자 시인인 윌리엄 블레이크는 "행동하지 않는 사람의 생각은 쓰레기와 같다."라고 했다. 그야말로 우리에게 경종을 울리는 촌철살인의 명언이다.

이민규 교수의 『실행이 답이다』에 윌리엄 블레이크의 말을 이해할 수 있는 일화가 나온다. 어느 날, 한 사람이 저명한 사상가 윌리엄 블레이크를 찾아와 물었다.

"위대한 사상가가 되려면 어떻게 해야 합니까?" 그러자 블레이크가 답했다. "많이 생각하십시오."

그는 집으로 돌아와 하루 종일 움직이지 않고 천장을 바라보면서 '생각'만 했다.

한 달 뒤 그의 부인이 울상을 지으며 블레이크를 찾아와 말했다. "제 남편이 선생님을 만나고 돌아온 뒤부터 식사도 거르고 온종일 침대에 누워서 생각만 하고 있어요. 선생님 제 남편 좀 말려 주세요." 블레이크가 그 집을 방문해보니 남자는 뼈만 앙상하게 남은 상태로 침대에 누워 천장만 응시하고 있었다. 그는 블레이크를 보고 가까스로 일어나 말했다. "선생님 그동안 저는 더 이상 생각할 수 없을 때까지 생각했습니다. 위대한 사상가가 되려면 얼마나 더 생각해야 하나요?" 그러자 블레이크는 이렇게 물었다. "매일 생각만 하고 행동하지는 않았군요. 대체 무슨 생각을 그리 했습니까?" 남자는 대답했다. "머리에 더 이상 담아둘 수 없을 정도로 많습니다." 그 말을 들은 블레이크는 이렇게 충고 했다. "제가 깜박 잊고 말씀드리지 않은 게 있군요. 행동하지 않는 사람의 생각은 쓰레기와 같다는 것입니다."

생각은 행동으로 발전되어야 한다는 것이다. 행동해야 삶은 바뀐다. 단기간에 엄청난 변화와 성장을 이뤄내는 사람들의 공통점은 실행력이기 때문이다. 성공한 사람은 생각에만 머물지 않고 행동한다. 행동하지 않으면 허상일 뿐이다.

지금까지 나는 생각과 관점, 그리고 말의 힘에 대해서 말했다. 그러나 실천할 때 진정한 이미에서 변화되었다고 할 수 있다. '구슬이 서 말이어도 꿰어야 보배다.'라는 말이 있다. 구슬을 꿰는 행동을 해야 하는 것이다. 성공한 사람과 그렇지 않은 사람의 가장 결정적인 차이는 '실행력'에 있다.

스티븐 코비는 자신의 저서 『성공하는 사람들의 8번째 습관』에서 이렇게 말한다. "알고도 행하지 않으면, 실제로는 모르는 것이다. 배우고 실천하지 않으면, 실제로는 배운 것이 아니다. 이해하고도 적용하지 않으면, 실제로는 이해한 것이 아니다. 지식과 이해를 자기 것으로 만드는 길은 실행과 적용뿐이다. 우리는 책을 읽고, 강연을 들으며 테니스를 배울 수 있지만, 실제로 경기를 해보기 전까지는 테니스를 알 수 없다."

실제로 해봐야 알 수 있다. 나는 가난을 극복하기 위해 열심히 부동산과 주식을 공부했다. 그러나 실제로 아파트 청약을 넣고 주식 투자를 할 때는 달랐다. 사실 부동산 공부를 가장 열심히 했지만 아파트 청약에 당첨되기 전까지는 재미가 없었다. 실행할 기회가 별로 없어서 내가 정말 알고 있는지조차 알 수 없었던 것이다. 그러다 교회를 이전하기 위해 임장을 다녔다. 처음 임장을 갔을 때는 공부하기 전과 크게 다르지 않았다. 실행해보지 않아서 열심히 공부했어도 제대로 이해를 못한 것이다. 몇 번 임장을 경험하니 그동안 공부한 것이 이해되기 시작했다. 그리고 지금 나의 재정적인 상황에서 가능한 것이 무엇일지 고민했다. 그러다 생각한 것이 아파트 청약이었다. 그래서 아파트 청약과 관련된 책을 열심히 읽었다. 청약 지원 두 번 만에 당첨됐다. 경쟁률이 높은 아파트였으나 배운 것을 활용하니 당첨된 것이다. 정말 기쁘고 신기했다. 청약을 다시 넣을 수만 있다면 또 경험해보고 싶은 마음이다.

주식투자는 공부해도 도저히 이해가 안 됐다. 그러다 김이슬 코치의 『주식투자 이렇게 쉬웠어?』를 읽게 됐다. 책 제목에 완전 매료되었기 때문이다. 저자는 주식투자를 배우고 싶으면 연락하라고 했다. 나는 용기를 내 책 저자에게 문의했다. 그동안 수많은 책들을 읽었지만 처음으로 저자에게 연락을 한 것이다. 저자는 친절하게 전화를 받고 주식투자하는 방법을 가르쳐주었다. 그녀는 소액이라도 직접 투자해봐야 감이 올 것이라고 했다. 그래서 소액으로 조금씩 투자했다. 코치의 말대로 조금씩 감이 오기 시작했다.

이렇게 내가 부동산과 주식투자를 실행했을 때 진정으로 배울 수 있었다. 배운 것을 실행해야 한다. 그럴 때 진정으로 배우고 결과를 얻을 수 있다. 결과를 얻으면 재밌고 즐겁다. 나는 지금도 소액으로 주식투자를 하지만 즐겁게 하고 있다. 결과가 있기 때문이다. 실행이 중요하다.

달란트 비유의 중요한 교훈 중 하나는 실행력이다. 다섯 달란트를 받은 종과 두 달란트를 받은 종은 '바로 가서 그것으로 장사하여' 두 배의 결과를 얻었다. 아무리 받은 달란트가 많아도 실행하지 않으면 아무런 이익도 얻을 수 없는 것이다. 뿐만 아니라 달란트를 활용하지 않으면 있는 것도 빼앗긴다.

하나님은 성경을 통해서 즉시 순종을 강조하신다. 하나님께 쓰임 받은 사람들은 한결 같이 즉시로 순종하고 행동했다. 하나님이 아무리 복을 주시려고 하셔도 행동하지 않으면 받을 수가 없다. 하나님께서 지혜를 주셔도 마찬가지다. 아이디어가 좋아도 실행하지 않으면 실현시킬 수가 없는 것이다. 실행하지 않으면 기회는 없다.

성경 잠언에는 "손을 게으르게 놀리는 자는 가난하게 되고 손이 부지런한 자는 부하게 되느니라"고 말씀한다.(잠언 10:4) 손이 부지런하다는 것이 무슨 의미인가? 쉽게 말해 행동한다는 것이다. 부지런히 행동하면 부하게 되고 성공한다. 타인의 실패와 성공 사례를 끊임없이 연구하고 매일 실행할 때 성공할 수 있다.

현대그룹의 창업자 고 정주영 명예회장의 이야기는 감동을 준다. 그의 도전정신과 불도저와 같은 실행력은 타의 추종을 불허한다. 주지하다시피 정주영 회장의 성공은 우리나라를 부강하게 만들었다. 정주영 회장은 "지금해라! 당장해라! 될 때까지 해라!"라며 실행력을 강조했다. 정주영 회장은 평생토록 실패를 두려워하지 않았다. 정주영 회장의 "나는 절대 머무르지 않는다."라는 경영정신은 유명하다.

얼마 전 홍하상 작가의 『정주영처럼 생각하고 정주영처럼 행동하라』는 책을 읽고 큰 도전을 받았다. 그래서 나중으로 미루던 책 쓰기에 바로 도전했다. "실패를 두려워하지 말고 무모해서 아름다울 정도로 용감하라."라는 정주영 회장의 말이 울림을 주었기 때문이다. 정주영 회장의 행동 철학 17계명이 있다. 그 중에서 실행력에 도움이 되는 일곱 가지를 나누고 싶다.

포기하지 말아라! 시련은 있어도 실패란 없다.
생각만 하면 뭘 해. 움직여라! 그것도 아주 부지런히!
길을 모르면 길을 찾고 길이 없으면 길을 닦아라!
주저하지 마라! 확신 90%와 자신감 10%로 밀고 나가라!

긍정의 힘! 운이 좋다고 생각하니까 운이 좋아지는 것이다.

무슨 일이든 할 수 있다고 생각하는 사람이 결국 해낸다!

내가 한다. 내 자신이 책임을 지는 정신으로 일하라.

성공은 아이디어가 아닌 실행하는 것에 있다. 자신의 달란트를 활용해 실행할 때 성공하는 것이다. 대부분의 성공한 사람들은 '일하면서 배우고 배우면서 일한다.'라고 한다. 배움과 실행이 함께 가야 한다. 하나님은 우리에게 복을 주시려고 달란트를 주셨다. 달란트를 활용해 두 배의 축복을 받도록 하셨다. 달란트는 나 자신의 성공뿐만 아니라 타인에게도 선한 영향력을 미치게 한다. 우리가 받은 달란트를 활용할 때 우리 사회는 발전하고 풍요로워진다. 그런데 달란트를 활용하지 않는다면 얼마나 어리석은 일인가? 달란트는 활용하지 않으면 퇴화된다. 우리가 이 세상에 태어난 목적을 이루지 못하는 것이다. 반대로 달란트를 활용하면 할수록 더 발전된다. 그러니 당신의 달란트를 활용하라. 당신이 풍요롭고 의미 있는 삶을 살기를 바란다면 달란트를 실행하라. 성공은 아이디어가 아닌 실행하는 것에 있다.

- 07 -

책 쓰기로
달란트를 활용하라

내게 있는 달란트를 가장 잘 활용하는 방법이 무엇일까? 바로 책을 쓰는 것이다. 책을 쓰면 자신의 달란트가 더 크게 부각된다. 책을 쓰는 과정에서 자신의 달란트를 더 깊이 연구하게 되기 때문이다. 그리고 그 달란트를 활용할 수 있는 방법들을 찾게 된다. 그러니 책 쓰기는 자기계발로 이어지는 것이다. 현대인들은 자기계발을 위해 많은 시간과 돈을 투자한다. 자격증을 취득하기 위해 부족한 잠도 줄인다.

15년 전 신학대학원 시험을 준비할 때 일이다. 시험 과목 중에 영어과목이 있었다. 나는 시간을 잘 활용하기 위해 새벽반에 등록하려고 했다

새벽반이니 천천히 신청해도 될 거라 생각했다. 착각이었다. 강의 신청이 열리고 20분 정도 됐을 때 종료됐다. 다행히 나는 거의 막차로 등록할 수 있었다. 새벽에 학원을 가보니 영어를 배우려고 온 사람들이 엄청나게 많았다. 알고 보니 대부분 직장인들이었다. 학원을 마치고 직장으로 바로 출근하는 그들을 보면서 존경스러운 마음이 들었다.

직장인들이 왜 잠을 줄이면서까지 영어 학원을 다닐까? 여러 가지 이유가 있겠지만 결국은 자기 계발을 위한 것이다. 그러나 나는 영어 공부보다 더 확실한 자기 계발을 책 쓰기라고 확신한다.

책을 쓰면 그 과정에서 진정한 나를 만나게 되고 나의 달란트를 발견하게 된다. 그리고 자연스럽게 나의 달란트를 더 깊이 연구하게 된다.

J. 보스웰은 "훌륭한 작가는 한 권의 책을 쓰기 위해 도서관을 절반 이상 뒤진다."라고 했다. 직장인들이 자신의 업무 분야를 책으로 쓴다면 확실한 전문가가 될 것이다. 또한 다른 사람들도 전문가로 인정하고 대우한다. 강연가로 초청되기도 한다.

〈한책협〉의 김도사는 책을 쓸 때 얻게 되는 좋은 점에 대해서 이렇게 말한다.

첫째, 나의 과거가 정리된다.

둘째, 나 자신에 대해 자세하게 알게 된다.

셋째, 가슴 뛰는 꿈이 생긴다.

넷째, 미래가 뚜렷하게 보인다.

다섯째, 인생에 끌려가기보다 인생을 리드한다.

여섯째, 가족과 주위 사람들에게 인정받는다.

일곱째, 사람들에게 "작가님!", "작가 선생님!" 등의 칭호를 듣는다.

여덟째, 작가를 넘어 코치, 강연가, 1인 창업가를 꿈꾸게 된다.

아홉째, 세상에 나를 알릴 수 있다.

열째, 자녀들에게 지식과 경험, 지혜를 유산으로 물려줄 수 있다.

그런데 사람들은 책을 쓰는 것에 대해 막연한 두려움을 갖고 있다. 대부분 이렇게 말한다. "평범한 내가 어떻게 책을 씁니까?", "어느 정도 성공해야 책을 쓸 내용도 있지 않나요?" 나도 그랬다. 언젠가는 책을 쓰고 싶었지만 아직은 책을 쓸 내용이 없다고 생각했다. 어느 정도 성공해야 책을 쓸 수 있다고 생각했다.

이에 대해 김도사는 이렇게 말한다. "지금껏 당신이 얻은 지식과 경험, 삶의 지혜와 깨달음 등은 최고의 유산이다. '구슬이 서 말이라도 꿰어야 보배.'라는 말처럼 보이지 않는 최고의 보서을 책에 담아낼 때 그 가치가 빛나게 된다. 사람들이 인정해주고 나의 가치가 격상되는 것이다."

그의 말에 나는 망치로 머리를 맞은 것 같았다. 책을 쓰면 나의 목표를 이룰 수 있다는 것을 깨달았기 때문이다. 내가 목사가 되고 교회를 개척한 이유는 다른 사람들을 돕기 위한 것이다. 내가 공부하고 경험한 것들은 무엇으로도 바꿀 수 없는 소중한 것들이다. 제자훈련과 상담학에 관련된 지식과 경험이 있다. 그리고 지금까지 많은 사람들을 도왔다. 그러나 교회를 개척한 이후에 목표를 이루지 못해서 무기력해졌었다. 책을 쓰면 목표를 보다 확실하게 이룰 수 있는데 말이다. 책을 쓸 때 얻는 효과를 몰랐던 것이다.

누구나 달란트가 있다. 그리고 살아오는 과정에서 얻은 각자의 소중한 지식과 경험, 그리고 삶의 지혜와 깨달음이 있다. 그것을 책에 담으면 되는 것이다. 그럴 때 그 가치가 빛나게 된다. 그 책이 누군가에게는 위로가 되고 삶의 목표를 갖게 해준다. 아직 성공하지 못했어도 괜찮다. 자신의 삶이 상처와 실패로 얼룩져 있다고 해도 괜찮다. 나의 상처나 실패가 누군가에게는 위로가 되고 교훈이 되기 때문이다.

헨리 나우웬은 『상처 입은 치유자』에서 누구나 상처가 있다고 한다. 자신의 상처를 잘 돌볼 수 있는 사람은 타인의 상처도 잘 돌볼 수 있다고 한다. 그녀의 말대로 누구나 상처는 있다. 그러나 상처는 상처로 끝나면 안 된다. 상처를 인정하고 어떻게든 치유해야 한다. 그렇지 않으면 그 상처가 자기 자신을 평생 동안 괴롭힐 것이다. 상담을 하면서 상처 때문에 평생을 고통 받는 분들을 많이 봤다. 50대가 되서도 부모에게 받은 상처를 해결하지 못해 여전히 고통스럽게 사는 분들이 있다. 그러나 상처를 치유하면 그 상처가 타인의 상처를 돌볼 수 있는 놀라운 능력이 된다.

최근 『공황장애가 내게 가르쳐준 것들』을 출간한 윤정애 작가가 있다. 그녀는 공황장애로 자살까지 생각했었다. 그러나 이왕 살아야 한다면 제대로 살아봐야겠다고 결심한 후 책을 쓰기로 했다. 아픔을 숨기지 않고 당당하게 알리기로 생각을 바꾼 것이다. 그러면서 삶이 변화되기 시작했다. 그녀는 글을 쓰면서 자신의 삶을 돌아보니 감사했다고 한다. 그녀는 이렇게 말한다. "저는 책을 쓸 거예요. 제가 가장 아팠던 공황장애를 책으로 써서 많은 사람들을 살릴 수 있는 기회를 만들 거예요." 그녀는 책을 쓰면서 공황장애를 치유했다. 나는 그녀가 저술한 책을 통해서 공황장애를 겪고 있는 사람들이 위로와 치유를 받을 것이라 확신한다.

책을 쓰면 그 과정에서 자신의 상처를 수용하고 위로받게 된다. 자신의 삶을 객관적으로 돌아보게 되기 때문이다. 그리고 책을 쓰기 위해 고민하며 공부하면서 상처가 치유된다 실제로 많은 작가들이 책을 쓰는 과정에서 자신의 삶을 돌아보며 눈물을 흘렸다고 한다. 그리고 상처가 치유됐다고 고백한다.

성공한 사람들은 실패하지 않은 사람들이 아니다. 실패를 통해서 배우고 다시 일어나 도전한 사람이 성공한 것이다. 진정한 실패는 도전하지 않고 주저앉는 것이다. 그러니 상처와 실패를 통해 깨닫고 배운 것들을 책에 담으면 된다. 당신이 가지고 있는 지식과 경험, 그리고 지혜는 매우 소중하다. 함부로 여겨선 안 된다.

김도사는 "성공해서 책을 쓰는 것이 아니라 책을 써야 성공한다."라고 말한다. 그에게 배워 작가가 된 사람들 대부분은 평범한 사람들이었다. 어떤 이는 출산과 양육으로 경력이 단절된 상황이었다. 그런데 김도사에게 〈책 쓰기 과정〉을 배우고 작가가 되어 달란트를 활용했다. 그리고 그들의 삶은 놀랍게 변했다. 그의 말대로 책을 써서 성공한 것이다.

그들 중에 『주식투자 이렇게 쉬웠어?』의 김이슬 코치가 있다. 그녀는 평범한 20대의 은행원이었다. 책을 쓰고 3년 만에 월 3천 만 원 이상을 벌고 있다. 단순히 돈을 많이 벌어서 성공했다는 것이 아니다. 자신이 하고 싶은 일을 하며 다른 사람들을 돕고 있기 때문에 성공했다는 것이다. 그녀는 책을 써서 선한 영향력을 끼치며 행복한 삶을 살고 있는 것이다.

나도 김도사에게 배웠다. 이미 공저도 했다. 두 권의 책을 쓴 작가가 된 것이다. 2개월도 채 안된 일이다. 지금까지 나는 석사를 두 번 했다. 석사과정에는 리포트와 소논문, 그리고 논문 등 글을 쓰는 과제들이 상당히 많다. 그런데 매번 첫 문장을 쓰는 것이 어려웠다. 그래서 글을 잘 쓰는 방법에 대한 책들을 많이 읽어 봤지만 큰 도움을 얻지 못했다. 그런데 김도사에게 첫 문장을 쉽게 쓰는 법을 배웠다. 두 번의 석사과정에서도 배우지 못한 방법이었다. 그러니 당신도 할 수 있다. 글쓰기에 자신이 없더라도 상관없다. 누구든지 배우면 책을 쓸 수 있다.

성경에는 '돕는 배필'이 나온다. 하나님께서 아담을 창조하시고 혼자 사는 것을 좋지 않게 보셨다. 그래서 '돕는 배필'로 하와를 창조하셨다. 돕는다는 것은 상대의 부족한 것을 채워주는 것이다. 자신의 장점으로 돕는 것이다. 그래서 서로 세워주고 성장하도록 돕는 것이다. 그럴 때 부부는 아름다운 관계를 맺고 그 가정은 행복해진다. 남녀의 문제만 그럴까? 결코 그렇지 않다. 우리는 달란트로 서로에게 도움을 주는 삶을 살아야 한다. 그것이 우리에게 달란트를 주신 하나님의 뜻이다. 책 쓰기로 당신의 달란트를 활용하라. 그럴 때 당신은 풍요롭고 의미 있는 삶을 살게 될 것이다.

달란트로 성공한
멘토를 만나라

"무언가에 대해 진정으로 알기를 원한다면 전문가에게 물어보라."라는 격언이 있다. 전문가에게 배울 때 진정으로 알게 되기 때문이다.

한국 사람들은 다른 사람의 일에 관심이 많다. 그래서 참견도 많이 한다. 나는 결혼을 늦게 한 편이다. 37세에 결혼했다. 요즘은 대부분 30대에 결혼하지만 목사인 나는 굉장히 늦은 편이다. 그래서 부목사로 사역할 때 많은 성도들이 기도해주시고 소개도 해주셨다. 얼마나 감사한지 모른다. 그런데 결혼식 날짜를 정하고 나니 그때부터 부부생활의 모든 것에 대한 조언이 시작됐다. 도움이 되는 조언들도 있었지만 위험한 조언들도 많았다. 경험했다고 모든 것이 맞는 것은 아니다. 분별할 수 있어야 한다. 특히 "기선을 제압해야 한다."라는 유의 조언은 절대로 귀담아들으면 안 된다. 잘못하면 행복해야할 결혼생활이 시작부터 불행해질 수 있다. 그런 조언을 해주는 분들의 공통점은 대부분 부부관계가 좋지 않다는 것이다. 부부관계는 인생에서 가장 중요한 것이다. 부부관계에 따라 인생의 행복과 불행이 결정된다. 그러니 절대적으로 전문가에게 물어봐야 한다.

상담을 공부한 나는 결혼 전에 아내를 설득해 부부상담사에게 결혼예비상담을 받았다. 3회기의 상담이었지만 큰 도움을 받았다. 우리는 상담을 받으면서 서로의 성격에 대해서 깊이 이해할 수 있었다. 그래서 결혼준비부터 신혼여행까지 다투지 않고 즐겁게 보냈다.

사실 많은 예비부부들이 결혼을 준비하면서 많이 다툰다. 이것저것 결정해야 될 것들이 많고 생각보다 피곤한 여정이어서 신경이 예민해지기 때문이다. 서로 다른 가정에서 다른 가치관으로 자라온 두 사람이 생각이 같을 수 없다. 연애하던 시절과는 전혀 다르다. 그러나 전문가에게 상담을 받은 우리는 서로를 이해하고 격려하며 즐겁게 준비할 수 있었다. 지금도 우리는 종종 그때 받은 상담 내용들을 같이 돌아보곤 한다. 그러면 혹시 있었던 오해가 풀리기도 한다. 결혼 전 부부상담사에게 결혼예

비상담을 받은 것은 최고의 선택이었다.

나는 인생의 최고의 복은 만남의 축복이라고 확신한다. 어떤 사람을 만나느냐에 따라 삶이 변하기 때문이다. 감사하게도 나는 만남의 축복을 많이 받았다.

내 인생의 첫 번째 멘토를 만난 축복은 신학대학교를 다닐 때였다. 나는 하나님께 목사로 소명을 받고 정말 열심히 노력했다. 그래서 23세에 신학대학교를 입학해서 처음부터 시작했다. 교회에서도 청년부 회장과 교회학교 교사로 섬겼다. 그 결과 학교에서는 장학금을 받았고 교회에서도 인정받았다. 그러나 나는 뭔가 부족하다는 느낌이 들었다. 특히 교회 봉사를 할 때 더 잘 하고 싶었다. 목사가 되려면 이 정도로는 안 된다는 생각이 들었기 때문이다. 무엇보다 사람을 잘 돕고 싶었다. 그래서 하나님께 사람을 돕는 방법을 배울 수 있는 멘토를 붙여주시기를 간절히 기도했다.

그러다 학교에서 편입생 형을 만났다. 그 형과 대화를 나누면서 나는 감동할 때가 많았다. 지금까지 많은 목사님들과 신앙이 좋은 분들을 많이 만났지만 그 형은 뭔가 달랐다. 그 형은 제자훈련으로 탁월한 목사님에게 제자훈련을 받고 있었다. 그리고 자신도 다른 사람들을 돕고 있었다. 열정이 넘쳤던 나는 그 형에게 제자훈련을 해달라고 부탁했다. 나는 목사의 아들로 소위 말하는 모태신앙이었지만 제자훈련을 통해 평생을 배운 것보다 많이 배웠다. 그리고 나의 목회 방향을 잡을 수 있었다. 이후 신학대학원에 입학하면서 그 형의 멘토인 목사님에게 직접 양육을 받았다. 성공한 멘토를 만나는 것이 얼마나 중요한지 그때 배웠다. 나도 배운 대로 많은 청년들과 전도사들을 제자훈련으로 도왔다. 그들 또한 신앙이 성장하고 훌륭하게 사역하고 있다.

물질적인 측면에서 나의 첫 번째 멘토는 주식 투자를 가르쳐준 〈한투협〉의 김이슬 코치이다. 지난 몇 년 간 나는 물질적인 어려움을 극복하기 위해 경제관련 책들을 많이 읽었다. 그러다 『주식투자 이렇게 쉬웠어?』를 읽고 저자인 김이슬 코치에게 전화해서 만났다. 그때 주식투자에 대해 자세히 배울 수 있었다. 책으로만 공부할 때는 도무지 이해되지 않았고 용기가 나지 않았다. 그러나 멘토를 만나 조언을 받으니 생각보다 어렵지 않았다. 이후 주식투자를 해서 소액이지만 일 년 가까이 수익을 얻고 있다.

주식투자는 제대로 알고 해야 한다. 많은 전문가들이 투자와 투기의 차이는 알고 하느냐 모르고 하느냐에 달려 있다고 한다. 자신이 투자하는 회사에 대해서 잘 모르고 투자를 한다면 두박과 같은 것이다. 나는 김이슬 코치에게 주식투자를 배우면서 금융지식과 경제지식도 많이 배웠다. 주식과 경제지식은 직결되기 때문이다. 그동안 경제와 관련된 책을 많이 읽었지만 멘토에게 배운 몇 개월이 나를 금융문맹에서 벗어나게 했다.

최근에는 〈한책협〉의 김도사를 멘토로 만났다. 김도사에게 〈책쓰기 과정〉을 배우고 그 결과물인 이 책을 세상에 내놓게 됐다. 버킷리스트로 미뤄두었던 책 출판의 꿈을 빠른 시간에 이룬 것이다. 그동안 꾸준히 독서와 글쓰기 연습을 했다. 그러나 김도사에게 배운 기간은 놀라운 성장으로 이어졌다. 김도사는 책 쓰는 방법에 대해서 세심하고 철저하게 코치해준다. 평범한 사람들도 자신의 삶의 경험과 지식, 그리고 각자의 달란트를 책 쓰기로 활용할 수 있도록 코치해준다. 그러니 평범한 사람들도 책을 쓸 수 있는 것이다. 나는 김도사에게 배우면서 큰 감동을 받았다. 나의 달란트를 최대로 활용할 수 있게 도와주어서 너무나 감사하다.

달란트로 성공한 멘토를 만나는 것은 최고의 축복이다. 시간을 절약할 수 있는 최고의 선택이다. 실패에서도 배우지만 더 좋은 방법은 앞서 경험한 분들을 통해 배우는 것이다. 달란트로 성공한 멘토를 만나야 실패 확률을 줄일 수 있다. 뿐만 아니라 자신의 달란트를 최대로 활용할 수 있다. 빠르게 성공할 수 있는 비결이다. 시간은 금이라고 한다. 그러나 나는 시간은 생명이라고 생각한다. 『부의 추월차선』의 저자 엠제이 드마코는 "휠체어 탄 백만장자는 부럽지 않다."라고 했다. 성공한 사람들은 시간을 가장 중요하게 여긴다.

지금의 나는 멘토들을 만난 결과이다. '최고가 되기 위해서는 최고에게 배워야 한다.'라고 한다. 그것이 최고가 되는 가장 빠른 길이기 때문이다. 그러니 달란트로 성공한 멘토를 만나기 위해 적극적이어야 한다. 내가 많은 멘토들을 만나서 배울 수 있었던 것은 적극적이었기 때문이다.

때로는 비싼 값을 치르더라도 달란트로 성공한 멘토들을 만나야 한다. 멘토들을 만나면 그 이상의 결과를 낼 수 있다. 상담에서는 상담료가 비쌀수록 상담효과가 크다고 한다. 그만큼 배우려는 태도와 열정이 달라지기 때문이다. 이상하게도 사람은 값싸게 얻은 것은 실제 그 가치와 상관없이 값싸게 여긴다. 쉽게 포기하거나 열정적으로 임하지 않는다.

내게 주식투자를 가르쳐준 김이슬 코치는 책을 써서 성공했다. 그녀는 자기계발에 대한 열정이 엄청났다. 젊은 나이에 책을 쓰기 위해 김도사에게 〈책 쓰기 과정〉을 배웠다. 그때 출판한 첫 책이 『주식투자 이렇게 쉬웠어?』이다. 처음에 김이슬 코치는 주식투자가 아닌 다른 주제로 책을 쓰고 싶었다고 한다. 그런데 김도사가 김이슬 코치의 달란트는 주식투자라는 것을 발견했다. 그 결과가 지금의 김이슬 코치를 만든 것이다. 김이슬 코치는 불과 몇 년 만에 놀라운 성공가도를 달리고 있다.

김도사는 김이슬 코치 외에도 자신의 생각과 달리 달란트를 찾게 해주어 성공한 작가들이 많다. 이렇게 달란트로 성공한 멘토를 만나는 것이 중요한 것이다. 최고에게만 보이는 것이 있다. 최고에게 배워야 보이는 세계가 있다.

하나님은 대부분의 경우 사람을 통해서 일하신다. 성경 사도행전에 보면 전도자 빌립의 이야기가 나온다. 빌립이 사마리아 성에서 예수를 전파했다. 많은 사람들이 빌립을 따랐다. 그런데 주의 사자가 빌립에게 갑자기 광야로 가라고 하셨다. 사마리아 성에서 전도가 잘 되고 있었는데 사람이 없을 것 같은 광야로 보내신 것이다. 빌립은 즉시 순종하여 광야로 갔다. 거기에 에디오피아의 국고를 맡은 관리인 내시가 예루살렘에서 예배를 드리고 돌아가고 있었다. 내시는 수레에서 이사야서의 글을 읽고 있었다. 빌립이 내시에게 말했다. "읽는 것을 깨닫느냐?" 내시는 대답했다. "지도해주는 사람이 없으니 어찌 깨달을 수 있느냐?" 그리고 빌립을 청했다. 빌립은 내시가 읽고 있는 글에서 시작해서 예수님에 대해서 가르치고 복음을 전했다. 그리고 내시에게 세례를 베풀었다. 내시는 에디오피아에서 예루살렘까지 가서 예배를 드리는 열정적인 신앙인이었다.

그리고 성경 이사야서를 읽고 있었다. 그런데 지도해주는 사람이 없어서 깨달을 수 없었다. 그러나 빌립에게 배울 때 성경의 뜻을 깨닫고 세례를 받게 됐다. 이것이 성경에서 말하는 지도해주는 사람, 즉 멘토가 필요한 이유이다. 하나님께서 내시에게 직접 가르쳐주시지 않고 탁월한 멘토인 빌립을 통해서 깨닫게 하셨다. 이것이 하나님의 방법이다. 성경도 멘토의 중요성을 강조하고 있는 것이다. 하나님은 사람을 통해 일하신다.

그러니 우리는 멘토를 만나서 도움을 받아야 한다. 너무 사람을 의존해서는 안 되지만 적절한 도움을 받는 과정은 반드시 필요하다. 그래서 예수님은 열두 제자를 세우셨고 그들을 통해 복음을 전하게 하셨다. 사도 바울도 한 지역에 지도자를 세우면 다른 곳으로 가서 복음을 전했다. 도제제도는 성경적인 방식이다. 제자훈련의 원리가 바로 그것이다.

성경적인 원리대로 멘토를 만나라. 적극적으로 멘토를 찾으라. 달란트로 성공한 멘토에게 배우면 시행착오를 줄일 수 있다. 더 빠르고 효과적으로 원하는 바를 이룰 수 있다. 멘토에게 배우는 것이 가장 효과적이고 빠르게 성공할 수 있는 지름길이다.

The Biblical Principles of Finance

- 4장 -

성경에서
찾은 더 크게
성공하는 법

The Biblical Principles of Finance

최고의 성공 비법은
성경에 있다

미국의 16대 대통령 아브라함 링컨은 "성경은 하나님이 사람에게 주신 최고의 선물이다."라고 했다. 링컨은 전문가들에게서 미국 대통령 중 가장 위대한 대통령으로 꼽히고 있다. 그런 링컨은 미 북서부 변방 개척지에 사는 가난한 가정 출신이었다.

그래서 별다른 정규교육도 받지 못했다. 그런 그가 마침내 미국의 16대 대통령이 됐다. 여덟 번의 실패가 있었지만 굴하지 않고 도전해서 얻은 놀라운 결과다. 그는 대통령이 돼서도 남북전쟁에서 승리해 연방을 부존하고 노예를 해방시키는 위대한 업적을 이루어냈다.

정규교육도 제대로 받지 못한 링컨이 어떻게 미국 역사상 가장 위대한 대통령이 될 수 있었을까? 비결은 성경에 있었다. 링컨의 어머니는 링컨에게 이렇게 유언했다. "나는 너에게 100에이커(acre)의 땅을 물려주는 것보다 이 한 권의 성경책을 물려주는 것을 더 기쁘게 생각한다." 링컨은 어머니의 유언대로 성경을 수없이 읽고 또 읽었다. 그의 손때가 묻은 성경책은 여전히 세간의 관심을 받고 있다. 그리고 그는 성경 말씀대로 실천했다.

링컨은 대통령 취임식 석상에서 성경책을 들고 이렇게 고백했다. "이 낡은 성경책은 바로 어머니께서 저에게 물려주신 성경입니다. 저는 이 성경책으로 말미암아 대통령이 되어 여기 이 자리에 서게 되었습니다. 저는 성경 말씀대로 이 나라를 통치할 것을 약속드립니다."

미국의 26대 대통령인 시어도어 루스벨트는 링컨에 대해서 이렇게 말했다. "링컨 대통령은 성경책 한 권으로 만들어진 사람입니다. 그분은 성경 속에서 배운 진리를 자기 실제 생활에 적용해서, 자신의 일생을 더할 나위 없이 영광스러운 생애로 만들었습니다. 그분은 성경과 함께 숨 쉬고 성경과 함께 산, 위대한 하나님의 사람입니다." 링컨은 성경에서 지혜를 얻고 실천해 대통령이 됐다. 뿐만 아니라 대통령이 되어서도 위대한 일들을 실행했다. 그가 성공한 비결은 바로 성경에 있었다.

성경은 인류 역사상 가장 많이 읽힌 최고의 책이다. 천 개 이상의 언어로 번역됐으며 지금도 번역되고 있다. 셀 수 없이 많은 사람들이 성경을 통해 하나님을 만났고 진리를 깨달았고 삶이 변화됐다. 영적인 변화뿐만 아니라 성경에서 성공하는 비법을 찾고 성공한 사람들의 간증은 넘쳐난다. 물론 성경은 창조와 타락, 그리고 구속에 대한 진리를 가장 중요시 하는 하나님의 말씀이다. 그러나 성경에는 하나님의 지혜가 담겨 있어 우리 삶의 모든 영역의 지침과 지혜를 알려준다. 그러니 성경은 하나님이 우리에게 주신 최고의 선물인 것이다.

물질적인 성공도 성경에 답이 있다. 앞서 말했듯이 성경은 하나님이 우리에게 재물 얻을 능력을 주셨다고 말씀하고 있다. 하나님의 말씀인 성경을 묵상하면 하나님이 어떻게 우리에게 물질 얻을 능력을 주셨는지 알 수 있는 것이다. 우리는 3장에서 배운 달란트 비유만으로도 충분한 비법을 찾을 수 있었다. 성경 잠언에는 이렇게 말씀한다. "내게는 부귀도 있고 번영과 성공도 있다" (잠언 8:18 현대인의 성경) 여기서 '나'는 하나님을 가리킨다. 하나님에게 부귀와 번영 그리고 성공하는 비법이 있다는 것이다.

성공할 수 있는 비법 중의 하나는 지혜를 얻는 것이다. 오늘날 많은 사람들이 재정적으로 어렵다고 하다 그러나 지혜가 있으면 오늘도 성공할 수 있다. 그래서 솔로몬은 하나님께 지혜를 구했다. 하나님이 주신 지혜로 이스라엘 역사상 가장 부강한 나라를 이룰 수 있었다. 솔로몬 시대에 이스라엘이 얼마나 부유했는지 은이 돌 같이 흔했다고 한다.

성경 잠언은 "지혜를 얻는 사람이 자기 영혼을 사랑하고 통찰력을 가진 사람이 성공할 것이다" (잠언 19:8 현대인의 성경)라고 말씀한다. 또한 전도서는 "철 연장이 무디어졌는데도 날을 갈지 아니하면 힘이 더 드느니라 오직 지혜는 성공하기에 유익하니라" (전도서 10:10)라고 말씀한다. 무조건 열심히 한다고 성공할 수 있는 것이 아니다. 성공하기 위해서는 지혜를 얻어야 한다. 지혜를 얻는 비법은 바로 성경을 아는 것이다.

성경으로 성공한 사람 중에 백화점 왕 존 워너메이커가 있다. 그는 미국 펜실베이니아 필라델피아 변두리의 가난한 벽돌공 아들로 태어났다. 그의 최종학력은 초등학교 2학년이다. 그런 그가 성공해 뉴욕에 미국 최초로 백화점을 설립했다. 또한 우정 장관을 역임했다. 더 나아가 필라델피아의 YWCA(기독교 여자 청년회) 회장이 되어 사회에 공헌했다. 가난한 가정환경이 그의 성공을 막지 못했다. 비결은 바로 성경이었다. 그는 열 살 때 2달러 75센트인 성경책을 사기 위해 1년 반 동안 벽돌을 날랐다. 벽돌 100개를 날라야만 받는 2센트를 차곡차곡 모아 성경책을 구매한 것이다. 그만큼 성경을 소중히 여긴 것이다.

존 워너메이커는 "성경을 주신 하나님을 찬양합니다!"라고 고백했다. 그 이유에 대해 이렇게 말한다. "저는 주일학교에서 배운 성경교육이 저의 일생에 기본적인 교육이 되었습니다. 여러분도 알다시피 저는 세상적인 공교육은 거의 받지 못한 사람입니다. 그러나 주일학교에서 평생 성경공부를 했고, 그 시간은 제 인생에서 가장 즐거운 시간이었습니다. 다른 데서는 얻을 수 없는 지식을 성경을 통해서 배웠습니다. 또한 성경으로 제 인생의 확고한 삶의 원칙과 기초를 세웠고, 성경의 바탕 위에 저의 인격과 사업을 건설하려고 노력했습니다."

성공할 수 있는 두 번째 비법은 성경 말씀을 실천하는 것이다. 성경 여호수아서에는 이런 말씀이 나온다. "이 율법 책을 네 입에서 떠나지 말게 하며 주야로 그것을 묵상하여 그 안에 기록된 대로 다 지켜 행하라 그리하면 네 길이 평탄하게 될 것이며 네가 형통하리라" (여호수아 1:8)

이 말씀은 위대한 지도자 모세의 후계자인 여호수아에게 하나님께서 하신 말씀이다. 모세는 이스라엘 백성들을 당시 최강국 애굽에서 피 한 방울 안 흘리고 나오게 했다. 그 과정에서 놀라운 이적들을 많이 행했다.

뿐만 아니라 수백만 명이 넘는 이스라엘 백성들을 광야에서 살 수 있게 했다 더 나아가 하나님의 말씀인 율법을 받은 위대한 지도자였다.

그런 모세의 뒤를 이어 지도자가 된 여호수아는 부담스러울 수밖에 없었다. 그때 하나님께서 여호수아에게 성공할 수 있는 방법을 알려주셨다. 그것은 바로 '율법책,' 즉 성경을 주야로 묵상해서 기록된 대로 실천하는 것이었다. 충성스러웠던 여호수아는 말씀하신 대로 실천했다. 그 결과 이스라엘 백성들을 축복의 땅 가나안으로 들어갈 수 있도록 지도할 수 있었다. 모세만큼이나 위대한 지도자가 된 것이다.

성공은 실행력에 있다. 아무리 지혜로워도 실행하지 않고 이룰 수 있는 것은 없다. 링컨과 존 워너메이커도 성경 말씀에 기록된 대로 실행했기에 성공할 수 있었던 것이다. 링컨은 노예제도를 폐지하는 위대한 일을 했다. 존 워너메이커는 백화점 왕이 되어 성공했을 뿐만 아니라 장관으로서, YWCA 회장으로서 사회에 공헌했다. 성경을 읽고 실천해야 하는 이유다.

세 번째로 성경은 성공할 수 있도록 비전과 목표를 갖게 해준다. 나는 제자훈련을 받으면서 성경의 중요성을 더 깊이 깨달았다. 그리고 성경을 어떻게 알아가야 하는지에 대해서 체계적으로 배웠다. 성경을 알아갈 때 비전이 생겼다. 목표가 생겼다. 나의 비전과 삶의 목표는 바로 성경 이사야의 말씀이다. "나 여호와가 의로 너를 불렀은즉 내가 네 손을 잡아 너를 보호하며 너를 세워 백성의 언약과 이방의 빛이 되게 하리니 네가 눈먼 자들의 눈을 밝히며 갇힌 자를 감옥에서 이끌어내며 흑암에 앉은 자를 감방에서 나오게 하리라" (이사야 42:6-7)

이 말씀을 받고 나는 얼마나 기뻤는지 모른다. 내가 어떻게 살아가야 할지에 대해서 명확한 비전과 목표가 생겼기 때문이다. 이 말씀대로 나는 하나님의 도우심을 받으며 살아간다. 그러니 두려울 것이 없다. 어려움을 만나서 두려움이 생길 때마다 이 말씀이 나에게 다시 도전할 수 있는 용기와 희망을 준다. 그리고 어려움에 처한 사람들을 돕는 비전은 나의 마음을 설레게 한다.

과거에 나는 영적인 일과 심리적인 일에만 집중했다. 그러나 내가 물질적으로 어려움을 겪고 보니 지금 여기를 살아가는 우리에게 물질이 너무나 중요하다는 것을 깨달았다. 그래서 금융공부를 하고 물질적으로도 풍요롭게 살아가는 방법을 공부했다. 이제는 영적인 일과 심리적인 일 그리고 물질적인 일까지 돕기로 결심했다. 이 책이 그 첫 번째 결과이다.

하나님은 우리를 사랑하신다. 우리를 창조하신 분이시기에 우리의 모든 필요를 우리보다 잘 아신다. 그래서 우리에게 성경을 주셨다. 성경에 명확한 하나님의 뜻을 담아 우리로 알게 하셨다. 성경은 진리의 책이다. 우리를 사랑하시고 우리와 함께 하시는 하나님의 사랑의 메시지가 담겨 있다. 그 사랑 안에는 우리의 육적인 필요도 포함된다. 우리에게 물질을 얻을 능력을 주신 분은 하나님이시다. 하나님의 말씀인 성경으로부터 지혜를 얻으면 성공할 수 있다. 최고의 성공 비법은 바로 성경에 있다.

- 02 -

성경묵상으로 가난한 생각을
풍요로움으로 바꿔라

성경 잠언에서는 이렇게 말씀한다. "대저 그 마음의 생각이 어떠하면 그 위인도 그러한즉 그가 네게 먹고 마시라 할지라도 그의 마음은 너와 함께 하지 아니함이라"(잠언 23:7) 이 말씀은 한 사람이 생각하는 방식이 그 사람의 됨됨이를 만드는 중요한 역할을 한다는 것이다. 사람의 생각은 그 사람의 품성과 인격이 된다. 그러니 어떠한 생각을 하느냐에 따라 운명이 결정되는 것이다. 자신이 생각하는 것 이상의 결과를 낼 수는 없기 때문이다. 지금 내 현실은 이제까지 내가 생각한 결과이다.

어린 시절 나는 열정적인 아이였다 초등학교 4학년 때부터 어머니에게 작은 보탬이라도 되기 위해 몇 년간이나 신문배달을 할 정도였다. 내가 초등학교 6년 때 외삼촌이 합기도 도장을 운영하실 때도 친구들을 등록하도록 설득했다. 그리고는 신이 나서 어른들에게 알렸다.

그때마다 어른들은 내게 "김칫국부터 마시지 마라."라고 했다. 그 말을 자주 듣다 보니 생각에 영향을 받았다. "김칫국부터 마시지 말고 조금 더 지켜보자." 언뜻 보면 신중한 생각인 것 같지만 자신감을 떨어뜨리는 생각이었다. '이게 과연 될까?'라는 부정적인 생각이 나도 모르게 자리 잡게 된 것이다. 이런 생각은 나의 도전정신과 실행력을 떨어뜨렸다.

돌아보면 내 마음은 두 가지 생각의 전쟁터였다. 아버지의 부정적인 지적과 어머니의 믿음의 확신이 그것이다. 하나님을 만나서 자존감이 회복되기 전까지는 나의 내면에서 들려지는 아버지의 부정적인 지적이 이겼다. 그 결과 비전과 목표 없이 흘러가는 대로 살았다. 하나님을 만난 후에야 내가 사랑받는 존재이며 잠재능력이 무궁무진하다는 사실을 깨달았다. 무엇보다 나를 도우시는 하나님이 계시다는 사실에 나는 믿음의 도전을 할 수 있었다.

부모가 자녀에게 하는 말은 너무나 중요하다. 부모의 말은 자녀의 내면에 뿌리를 내린다. 그것이 신념이 된다. 신념에서 자동적 사고가 나타나 자녀의 평생에 영향을 미친다. 자녀가 꿈을 말할 때 현실을 알게 해주기 위해 부정적인 말을 하지 말아야 한다. 그것은 자녀의 꿈을 꺾을 뿐만 아니라 자녀 스스로 한계를 짓고 한계 안에서 살게 하는 것이다.

심리적인 병중에 자포자기라는 무서운 병이 있다. 이를 미라스무스 병이라고 한다. 윌리엄 E 메이어 박사가 보고한 유명한 연구 보고서를 보면 이 병의 무서움이 드러난다. 메이어 박사는 6·25 전쟁 때 북한군에게 포로로 잡혀간 천여 명의 미군 포로를 대상으로 연구했다.

메이어 박사에 따르면 미군이 수용됐던 북한군 수용소는 전시라는 보편적인 기준에 비해서 양호했다고 한다. 신체적 학대도 적은 편이었다. 그런데 미군 포로들 중 무려 38%에 해당하는 군인들이 죽었다. 미군 포로들은 철조망에 갇히지도 않았다. 무장한 적군의 감시를 받지도 않았다. 그러나 아무도 탈출을 시도하지 못했다.

어떻게 이런 끔찍한 일이 일어날 수 있었을까? 북한군의 고도의 심리적인 전술 때문이었다. 첫 번째는 규칙을 위반한 동료를 밀고하도록 하고 보상을 주었다. 그리고 규칙을 위반한 자에게는 아무런 처벌을 하지 않았다. 그래서 수용소 측에 이미 포섭돼 있던 것처럼 여기게 했다. 고도의 심리전은 미군 포로들 서로 의심하게 했다 인간이 최악의 조건에서도 살아남기 위해서는 살아야 하는 소망의 이유가 분명해야 한다. 이때 동료에 대한 신뢰가 있다면 힘이 날 수 있다. 그런데 서로 살기 위해서 동료를 밀고해야 하는 분위기 속에서는 살고 싶은 마음이 생기지 않았을 것이다.

두 번째는 자아비판을 하게 했다. 10~12명의 포로를 모아 자신이 했던 나쁜 짓과 해야 했지만 못했던 일들을 고백하게 했다. 그렇게 해서 포로들 사이에 균열을 만들어내 긍정적인 마음을 빼앗아갔다. 마지막으로 고향에서 날아온 애정이 담긴 편지는 전해주지 않았다. 반대로 누군가가 죽었다거나 부정적인 소식의 편지들은 전달했다. 그래서 포로들은 점점 부정적인 생각을 하게 됐고 마침내 자포자기를 하게 된 것이다.

이렇게 생각의 영향력은 엄청나다. 때로는 생각이 삶과 죽음을 결정 짓기도 한다. 그런데 과연 미군 포로와 같은 극단적인 사건에만 그럴까? 그렇지 않다. 우리는 어린 시절부터 꿈은 꿈일 뿐이라는 어른들의 조언과 교육을 받아왔다. 현실적이어야 한다는 명목 아래 비판적인 생각이 심겼다. 그래서 한계를 짓는 가난한 생각이 자기도 모르게 심긴 것이다. 이 또한 엄밀히 말하면 자포자기 병이라고 할 수 있다.

생각이 나 자신이다. 그런데 생각이 부정적일 때 허무감이 찾아온다.

그리고 무기력감에 빠지게 만든다. 생각이 행동을 만든다. 행동은 습관을 만든다. 습관은 다시 태도를 만들고 운명을 만든다. 한 사람의 생애와 운명은 그 사람의 생각에 의해서 결정되는 것이다. 그러니 행복한 삶을 살고자 한다면 반드시 부정적인 생각을 긍정적인 생각으로 바꿔야 한다.

그러나 어린 시절부터 내면에 자리잡은 생각을 바꾸기란 쉽지 않다. 순간순간 내면 깊은 곳으로부터 자동적으로 부정적인 생각이 올라오기 때문이다. 더군다나 주변 사람들 대부분이 비슷한 생각을 한다면 더욱 그렇다. 어린 시절뿐만 아니라 지금도 지속적으로 그런 생각에 영향을 받고 있는 것이다. 그래서 생각을 바꾸기 위해서는 전심전력을 다해야 한다. 나의 내면의 부정적인 생각뿐만 아니라 외부에서 들려오는 부정적인 말들과도 싸워야 하기 때문이다.

부정적인 생각을 어떻게 바꿀 수 있을까? 먼저 자신의 생각을 인지해야 한다. 부정적인 생각이 올라오면 '내가 또 이런 생각을 하는구나.' 하고 알아차려야 한다. 그리고 '나는 안 돼. 저절로 이렇게 생각하잖아.' 또는 '내가 그러면 그렇지. 어쩔 수 없지. 그래 이게 현실이야.'라는 생각을 의도적으로 버려야 한다. 그리고 진실을 나의 내면에 심어주어야 한다. 진실은 무엇인가? 하나님의 말씀인 성경이 진실이자 진리이다. 성경은 하나님이 세상을 이처럼 사랑하사 독생자를 주셨다고 말씀한다. 하나님께서 우리를 사랑하셔서 독생자 아들 예수까지 보내주셨다는 것이다. 우리는 사랑받기 위해 태어난 사람이다. 그러니 그 사랑을 믿고 누려야 한다. 자신을 진정으로 사랑하면 자포자기하지 않게 된다. 나는 하나님을 만난 후 나 자신을 진정으로 사랑하게 됐다. 나를 사랑하니 시간을 허투루 쓰지 않게 됐다.

두 번째로 성경은 하나님께서 우리를 존귀하게 창조하셨다고 말씀한다. 성경 창세기에 보면 하나님께서 세상을 창조하시고 마지막 날 인간을 창조하셨다. 세상의 모든 것을 인간이 누리도록, 그리고 다스리도록 창조하셨다. 그러니 우리에게 세상을 다스릴 수 있는 능력도 주신 것이다. 달란트 비유를 기억하라. 하나님께서 우리 모두에게 달란트를 주셨다. 작은 달란트란 없다. 한 달란트일지라도 그 자체가 이미 큰 것이다. 그러니 가난한 생각을 버려야 한다.

세 번째로 성경에 보면 하나님께서 우리와 함께 하실 뿐만 아니라 도와주시겠다고 약속하셨다. 또한 하나님을 의지하면 복을 받는다고 말씀하셨다. 성경 예레미야는 이렇게 말씀한다. "그는 물가의 나무가 그 뿌리를 강변에 뻗치고 더위가 올지라도 두려워하지 아니하며 그 잎이 청청하며 가무는 해에도 걱정이 없고 결실이 그치지 아니함 같으리라"(예레미야 17:8) 이 말씀을 깊이 묵상해보라. 물가의 나무는 걱정이 없다. 결실이 그치지 않는 복을 받는다. 결과 있는 삶을 산다는 것이다. 얼마나 풍요롭고 행복한가!

이 외에도 성경에는 가난이 아닌 풍요로운 말씀으로 가득하다. 그러니 가난한 생각을 바꾸기 위한 가장 좋은 방법은 성경을 묵상하는 것이다. 성경에는 우리를 향한 하나님의 사랑과 보호하심, 그리고 축복에 대한 약속들로 가득하다.

나는 20년 전 하나님을 만난 후 가장 먼저 하나님의 말씀을 읽었다. 그때부터 지금까지 거의 하루도 빼놓지 않고 매일 아침저녁으로 성경을 묵상했다. 성경을 묵상하면서 나의 부정적인 생각은 버리고 믿음의 생각으로 바꾸었다. 성경 묵상을 시작한 몇 년 간은 묵상한 이후에 잠깐 믿음의 생각을 하다가 곧 부정적인 생각을 하곤 했다. 그만큼 어릴 적부터 내면에 새겨진 부정적인 생각을 바꾸기가 쉽지 않았다. 그러나 시간이 지날수록 변해갔다. 생각이 변하자 나는 긍정적으로 도전하는 사람이 되어갔다.

이제는 물질적인 것에 대한 생각도 바뀌었다. 성경에 기록된 하나님은 풍요로운 분이시기 때문이다. 하나님은 당신의 풍요로움을 우리에게 주시길 원하신다. 본래 인간은 풍요롭게 살도록 창조되었다. 성경 창세기를 보라. 하나님이 얼마나 세상을 풍요롭게 창조하셨는가.

나는 아들이 태어난 후 아쿠아리움에 두세 번 갔었다. 어린 아들에게 세상의 다양함과 신기함을 보여주기 위해서였다. 그런데 아들보다 내가 더 신기했다. 얼마나 신기하고 아름다운 생물들이 많은지 정말 놀라웠다. 어떤 생물은 너무나 신기해서 '하나님께서 왜 창조하셨을까?'라는 생각이 들 정도였다. 아쿠아리움에서 하나님의 풍요로움을 다시금 깨달았다.

하나님은 풍요로운 분이시다. 우리가 믿기만 하면 그 풍요로움을 주신다. 가난이 하나님의 뜻이라고 말하지 말라. 풍요로움을 생각하고 꿈꾸는 사람을 비판하지 말라. 가난하고 고난을 받아야 신앙이 좋아진다고 말하지 말라. 하나님이 주신 풍요로움을 누리면서 감사하고 나누는 삶이 성숙한 신앙이다. 사람은 잘 될 때 그 인격을 알 수 있다.

성경은 우리에게 가난한 생각이 아니라 풍요로운 생각을 갖게 한다. 주는 복을 누리라고 말씀한다. 이제 콩 한쪽을 나눠 먹겠다는 생각을 뛰어넘어 풍요로움을 나누겠다고 결단하자. 성경묵상에 답이 있다. 성경을 묵상하면 풍요로운 생각으로 바꿀 수 있다.

그 생각이 당신의 삶을 풍요롭게 할 것이다. 성경은 말씀한다. "이는 나를 사랑하는 자가 재물을 얻어서 그 곳간에 채우게 하려 함이니라" (잠언 8:21)

− 03 −

기도하고 구한 것은
받은 줄로 믿으라

성경은 우리를 향한 하나님의 사랑의 메시지로 가득하다. 우리의 상황과 필요를 아시는 하나님께서 성경을 통해 우리에게 축복을 받는 비법을 알려주신다. 그 중에서 단연 최고의 비법은 믿음의 기도이다. 예수님은 말씀하신다. "그러므로 내가 너희에게 말하노니 무엇이든지 기도하고 구하는 것은 받은 줄로 믿으라 그리하면 너희에게 그대로 되리라" (마가복음 11:24)

무엇이든지 기도하고 구하는 것은 받은 줄로 믿을 때 그대로 된다고 말씀하셨다. 지금 내가 누리고 있는 모든 축복은 기도 응답의 결과이다 아내를 만나서 결혼하게 된 것도 확신 있는 믿음의 기도응답이었다. 탁월한 멘토를 만나 제자훈련을 받고 나 또한 제자훈련으로 도울 수 있었던 것도 기도응답이었다. 이 책을 출판하게 된 것도 기도응답이다.

내가 기도응답에 대한 믿음과 확신을 가질 수 있었던 이유는 어머니의 살아 있는 교훈 때문이다. 내가 가장 감사하는 것이 믿음의 어머니에게서 태어났다는 것이다.

18년 전 40대의 한 성도가 한방 병원에 갔다가 자궁에 염증이 있다는 것을 발견했다. 병원에 가서 진단을 받았더니 자궁암이었다. 뿐만 아니라 전이까지 되어 있었다. 얼마나 놀랐겠는가? 아직 40대의 젊은 나이였다. 그러니 자녀도 어렸다. 게다가 경제적으로도 어려운 상황이었다. 여러 가지 면에서 수술과 항암치료를 받는 것이 쉽지 않은 상황이었다. 어머니는 이 성도를 위해서 간절히 기도하셨다. 그러다 마음에 하나님께서 치료해주실 것이라는 감동이 왔다. 이 감동을 그 성도에게 확신하며 말했다. 하나님이 치료해주실 것이니 안심하라고. 아직 암이 치료된 것도 아닌데 말이다. 이 성도는 어머니의 믿음의 확신을 받아들였다. 그러니 기분이 좋을 수밖에 없었다.

이 성도는 수술 전날 병원에 입원했을 때 미소를 짓고 있었다. 환자의 상태를 보려고 온 의사는 웃고 있는 이 성도를 보고 놀랐다. 그리고 의사는 이렇게 말했다. "아니, 이 아줌마가 심각성을 모르시네. 암이 전이돼서 주렁주렁 달렸을 텐데 웃고 계시네?"

다음날 수술을 했다. 놀랍게도 암이 감자가 쪼그라든 것처럼 쪼그라들어 있었다. 의사도 놀랐다고 한다. 쪼그라든 암덩이를 떼어내고 수술을 마쳤다. 깨어난 성도에게 의사는 항암치료를 받으라고 했다. 그러나 성도는 완전히 치료됐다는 믿음의 확신이 있어서 항암치료를 받지 않았다. 그 성도는 18년이 지난 지금까지 암이 재발하지 않고 건강하게 살고 있다. 치료비도 보험으로 해결됐다. 지금 그 성도는 여전히 어머니와 교통을 하고 있다.

성경에서 믿음의 기도는 병든 자를 고친다고 말씀한다. 물론 아프면 병원에 가야 한다. 의학은 하나님께서 우리에게 주신 귀한 도구이니 잘 활용해야 한다. 그러나 때로는 믿음의 기도가 필요할 때가 있다. 받은 줄로 믿고 기도할 때 놀라운 일이 일어난다.

또 다른 성도는 식당을 운영하고 있었다. 조그마한 공간에서 배달 장사를 했었다. 열악한 환경에서의 식당운영은 쉽지 않았다. 어머니는 그 성도의 경제적인 형편을 위해 간절히 기도해주셨다. 그러던 어느 날 어머니에게 믿음의 확신이 왔다. 그래서 어머니는 그 성도에게 확신 있게 말했다. 한 건물을 보고 이렇게 선포하라고 했다. "내 것 내 것 하세요. 믿음으로 선포하세요. 그러면 하나님께서 주실 거예요."

당시 이 성도는 경제적인 형편이 매우 안 좋았다. 건물을 살 수 있는 여건은 도저히 안 되는 상황이었다. 수입도 작아서 대출을 받기도 어려웠다. 그러나 이 성도는 믿음으로 받아들이고 실천했다. 어머니는 기도하면서 받은 감동대로 확신을 주며 구체적으로 지도해주었다. 놀랍게도 대출이 되어 3층짜리 건물을 매매할 수 있었다. 만일 이 성도가 현실과 상식을 따랐다면 이런 일들은 일어나지 않았을 것이다. 그러나 믿음으로 실천했을 때 건물주가 됐다. 이 성도도 지금까지 어머니와 교통을 하고 있다.

어려운 상황에서도 건물을 산 사건은 많다. 어린이집 원장님이 건물을 산 일과 집을 산 일 등 모두 다 내가 직접 본 일들이다. 물질적인 것도 기도로 응답되는 것이다. 무엇이든지 이미 받은 줄로 믿고 기도할 때 현실이 된다.

하나님은 우리에게 복주시기 위해서 기도를 명령하셨다. 그런데 부정적인 생각과 의심으로 기도하면 응답이 되더라도 그 과정이 고통스럽다.

'이게 기도한다고 되겠어?'라는 마음은 스스로에게 무력감과 허무감이 들게 한다. 때로는 기도가 응답되지 않기도 한다. 예수님도 고향 사람들이 믿지 않는 것을 이상하게 여기시고 고향에서는 이적을 행하지 않으셨다. 기도응답의 최고의 적은 의심과 불신이다. 그래서 하나님께서는 성경을 우리에게 주신 것이다. 변하지 않는 기록된 하나님의 말씀을 묵상할 때 시시때때로 떠오르는 부정적인 우리들의 마음을 견고히 할 수 있기 때문이다.

믿음의 기도에 대한 재미있는 이야기가 있다. 가뭄이 극심하던 어느 농촌 교회의 여름날이었다. 마침 교회에서는 그날따라 비를 갈구하는 산상성회가 열렸다. 사람들은 저마다 눈물의 기도를 드렸다. 모두가 합심하여 간절히 기도한 것이다. 그때 놀라운 일이 벌어졌다. 예배가 끝나자마자 비가 내렸다. 마치 하늘에 구멍이라도 뚫린 듯이 퍼부었다. 열흘이 넘도록 이어진 가뭄이라, 아무도 예측하지 못한 비였다. 사람들은 하나님의 응답하심에 감격하면서도 집에 돌아갈 일을 걱정했다.

그때 한 소녀가 노란 우산을 쓰고는 태연히 가는 것이었다. 사람들은 감탄하면서 그 소녀에게 물었다. "너는 비가 올 때를 대비해서 항상 우산을 가지고 다니나 보구나. 어린 아이가 준비성이 좋네." 그러자 반짝이는 눈은 빛내며 소녀가 대답했다. "우리 오늘 하나님께 비를 내려달라고 기도하러 왔잖아요." 이것이 믿음의 기도이다. 비가 오게 해달라고 기도했으면 당연히 비가 올 것이라는 믿음을 갖고 우산을 준비하는 것이 믿음의 기도이다. 무엇이든지 기도했으면 받은 줄로 믿어야 한다. 그럴 때 그대로 된다.

코카콜라의 창업자 아사 캔들러는 한 때 좌절해서 알콜 중독자가 된 적이 있었다. 매일 술에 빠져서 신세타령을 하며 살았다. 어느 날 술에 취해 비틀거리며 집을 향하고 있는데 마음속에 하나님의 음성이 들렸다. '성공은 자신의 본능적인 욕구를 다스리는 사람의 것이다.'

너무 놀란 캔들러는 '성공'이라는 단어에 꽂혀서 두 번 다시 술을 마시지 않겠다고 결심했다. 집에 도착한 캔들러가 아내에게 술을 끊기로 결심하게 된 사건을 이야기했다. 그러자 그의 아내가 깜짝 놀라며 말했다. "여보, 당신이 하나님의 음성을 듣고 있던 바로 그 시간에 나는 하나님께 기도하고 있었어요. 당신이 술을 끊을 수 있는 획기적인 방법을 달라고 말이에요."

캔들러는 자신의 결심과 의지로 술을 끊게 된 것이 아니라 아내의 기도로 하나님이 은혜 주신 것을 깨달았다. 캔들러가 하나님을 의지하며 결단하고 실행했을 때 삶이 변화되고 사업이 회복되기 시작했다. 그리고

1916년에 애틀랜타 시장이 됐다.

캔들러의 아내의 믿음의 기도가 그를 변화시키고 성공의 길로 갈 수 있게 한 것이다. 믿음의 기도는 놀라운 역사를 이뤄낸다. 넘어져 있는 사람을 일으켜 변화시키고 성공할 수 있게 한다.

나 또한 어머니의 기도로 변화됐다. 나는 사춘기 때부터 방황하며 아까운 세월을 흘려보냈다. 그러나 어머니는 나에 대한 믿음의 확신을 갖고 기도하셨다. 단순히 막내아들이 정신 차리게 해달라는 기도가 아니었다. "하나님께서 믿음 주신대로 하나님 나라에 크게 쓰임 받게 해주옵소서."라고 기도하셨다. 그리고 내게 끊임없이 믿음의 선포를 하셨다. "하나님께서 너를 크게 사용하실 거야!" 당시에는 그 말이 듣기 싫었다. 그러나 어머니의 믿음의 선포는 부정적이었던 나의 내면에 한줄기 긍정적인 마음을 갖게 했다.

그러다 23세 11월의 어느 가을날 하나님을 인격적으로 만났다. 그리고 내 인생은 놀랍게 변했다. 자기만 알고 제멋대로인 내가 목사가 되어 사람들을 돕겠다고 삶을 드린 것이다. 어머니의 기도와 믿음의 확신이 아니었다면 나는 여전히 나만 아는 이기적인 삶을 살고 있었을 것이다. 나를 향한 어머니의 믿음이 기도는 응답되었다.

예수님의 말씀대로 무엇이든지 기도한 것은 받은 줄로 믿으라. 그러면 그대로 될 것이다. 이왕이면 크게 구하자. 하나님께 불가능이란 없다. 우리의 작은 생각으로 하나님을 제한하지 말자. 기도하는 그대로 될 것이다. 하나님은 성경을 통해 우리에게 이렇게 말씀하신다. "네 입을 크게 열라 내가 채우리라" (시편 81:10)

- 04 -

구하라 찾으라
문을 두드려라

'성경은 하나님께서 우리에게 주신 최고의 선물이다.' 성경은 기도할 때 하나님께서 우리에게 응답해주신다고 약속한다. 기도는 아버지이신 하나님께서 자녀인 우리에게 주신 특권이다. 기도를 통해서 하나님과의 교제가 이뤄진다. 또한 하나님의 자녀로서 우리의 필요를 하나님께 구하고 응답받는다. 기도는 하나님과의 대화이자 복을 받는 통로인 것이다.

나에겐 여섯 살 된 아들이 있다. 아들이 내게 요구하는 것은 가능하면 들어준다. 아들에게 유익한 것이라면 말이다. 그러니 우리의 아버지이신 하나님은 어떠하시겠는가. 성경 로마서에는 이렇게 말씀한다. "자기 아들을 아끼지 아니하시고 우리 모든 사람을 위하여 내주신 이가 어찌 그 아들과 함께 모든 것을 우리에게 주시지 아니하겠느냐" (로마서 8:32) 하나님은 당신의 독생자 아들 예수까지도 우리를 위해 보내주셨다. 그러니 다른 어떤 것을 우리에게 주시지 않겠느냐는 말씀이다. 그러니 우리는 하나님께 담대히 기도할 수 있는 것이다.

예수님은 제자들에게 기도하는 방법에 대해서 가르쳐주셨다. 그것이 바로 '주기도문'이다. 주기도문뿐만이 아니다. 그 중의 하나가 이번 주제이다. "내가 또 너희에게 이르노니 구하라 그러면 너희에게 주실 것이요 찾으라 그러면 찾아낼 것이요 문을 두드리라 그러면 너희에게 열릴 것이니" (누가복음 11:9) 이 말씀은 수동적인 기도가 아닌 적극적인 기도를 가르쳐준다. 기도할 뿐만 아니라 찾고 두드려야 한다는 것이다.

이 말씀의 첫 번째 원리는 구하는 것이다. 이 뜻은 반드시 응답을 받겠다는 간절한 의지를 가리킨다. 기도는 믿음이 있어야 한다. 거기에 더하여 간절함이 있어야 한다. 성경 누가복음에 나오는 열 명의 나병환자들은 목숨을 걸고 예수님께 부르짖을 때 고침 받았다. 당시에 나병환자들은 성한 사람이 지나가는 것이 보이면 입을 가리고 '부정하다, 부정하다!' 외쳐서 자신들이 근처에 있다는 것을 알려야 했다. 그렇지 않으면 사람들은 나병 환자에게 돌을 던졌던 시대였다. 그런데 그들은 예수님이 자신들의 나병을 치료해주실 것을 확신하고 죽으면 죽으리라 하는 믿음으로 큰 소리로 부르짖었다. 예수님은 그들의 간절한 부르짖음을 듣고 나병을 치료해주셨다.

또한 예수님은 38년이나 누워 있던 환자에게 이렇게 물으셨다. "네가 낫고자 하느냐?" 간절한 마음을 요구하신 것이다. 그러니 간절한 마음으로 기도해야 한다. 간절한 마음이 없으면 진실한 마음도 없다. 간절히 원하지 않는 소원은 참된 소원이 아니다. 쉽게 잊고 쉽게 변한다.

내게 기도부탁을 하는 분들이 많다. 그러면 나는 그들의 기도제목을 기록해놓고 기도한다. 한두 달 지난 후 기도제목에 대해서 물으면 어떤 분은 깜짝 놀라며 말한다. "내가 그런 기도를 부탁했었어요?" 그런 말을 들을 때면 힘이 빠진다. 나는 진심으로 기도해주었는데 당사자는 기억도 못하니 허탈하다. 내가 그러니 하나님의 마음은 어떠하실까?

'들어주시면 좋고, 아니면 어쩔 수 없고.' 또는 '이게 기도한다고 되겠어?'라는 두 마음을 품는다면 기도는 응답되지 않는다. 혹시 기도가 응답되더라도 '될 만하니까 된 거 아니야.'라는 마음으로 감사하지 않는다. 하나님께서는 우리의 마음을 보신다. 그런 마음으로 하는 기도는 응답해주시지 않으신다. 그러니 간절한 마음은 기도의 중요한 요건 중의 하나인 것이다. 믿음으로 기도하되 간절한 마음으로 기도해야 응답받는다.

두 번째는 찾는 것이다. 기도할 때 적극적으로 행동하는 것을 의미한다. 러쓰 존스톤은 『하나님의 뜻을 아는 법』에서 이 말씀을 이렇게 해석한다. "나는 이 말이 정보를 찾으라는 말이라고 생각합니다." 나는 이 말에 충격을 받았다. 기도는 정보를 찾는 것도 포함된다는 새로운 사실을 깨달았기 때문이다.

한 지인이 얼마 전 힘든 일을 겪었다. 보이스피싱을 당한 것이다. 어느 날 SNS로 알게 된 사람이 수익률이 매우 높은 투자라며 투자처를 소개했다고 한다. 그가 소개해준 투자처가 상당히 좋아 보였다고 한다. 게다가 지인은 그동안 그 사람에게 좋은 인상을 받았었다고 한다. 그래서 별다른 의심 없이 추천하는 곳에 투자했다. 그런데 투자금을 보내자 곧 연락이 두절됐다.

요즘 보이스피싱 방법이 더 지능화되고 있다. 과거에는 전화로 가족이 사고를 당한 것처럼 해서 급히 입금하게 하는 방식이었다. 또는 검찰에서 연락한 것처럼 해서 입금하게 하는 방식이었다. 두 가지 방법 다 순간적으로 두려움에 빠지게 해서 판단력을 잃게 만드는 방식이었다. 남들이 보이스피싱에 당한 이야기를 들으면 '어떻게 그럴 수 있나?'라고 생각한다. 그러나 막상 자신이 당하면 순간적으로 판단력을 잃게 된다. 나도 과거에 검찰이라는 전화를 받은 적이 있었다. 과거 의무경찰일 때 검찰청 보조 근무도 해봤으나 순간적으로 당황스러웠다. 그러나 마음을 추스르고 전화를 끊었다.

그 지인도 순간적으로 판단력을 잃은 것이다. 매우 안타깝고 슬픈 일이다. 만약 그 지인이 투자처에 대한 정보를 찾아봤다면 어땠을까? 그러니 우리는 정보를 찾는 수고를 해야 한다. 정보를 많이 알수록 우리는 실수를 줄일 수 있고 최선의 선택을 할 수 있게 된다.

정보를 얻으려면 원하는 정보를 가진 전문가에게 가는 것이 좋다. 투자도 마찬가지다. 내 지인처럼 극단적인 경우도 있지만 좋은 마음으로 투자를 추천하는 사람들도 있다. 그러나 투자한 결과는 오롯이 내 몫이다. 추천하고 조언한 사람들이 책임지지 않는다. 내가 교육비를 내고 주식투자를 전문가에게 배운 이유다. 교육비를 냈지만 이미 그 이상의 수입을 얻었다. 앞으로도 계속 수입이 늘 것이다.

육아 또한 그렇다. 자녀를 키운 분들은 자신들이 과거에 양육하던 방식으로 조언한다. 그러나 아동상담을 공부한 내가 보기에는 잘못된 상식이 꽤 많다. 육아는 자녀의 평생이 좌우될 수도 있는 문제이기 때문에 반드시 전문가에게 배우는 것이 좋다. 중요한 일일수록 그 방면의 전문가에게 배우거나 정보를 얻는 것이 가장 지혜로운 방법이다.

정보를 얻는 것은 하나님의 역할을 무시하는 것이 아니다. 하나님은 우리에게 지혜롭게 행하라고 하신다. 정보를 얻는 것은 지혜로운 행위이다. 더 나아가 하나님은 사람을 통해 일하신다. 각 사람에게 가진 달란트는 하나님께서 주신 것이다. 그러니 전문가에게 정보를 얻는 것은 적극적인 기도의 한 방편이다.

세 번째로 문을 두드리는 것이다. 기도하고 정보를 모았으면 이제 행동해야 한다. 기도의 마지막도 결국 실행력이다. 믿음의 기도인지 여부는 실행에서 증명된다.

러쓰 존스톤은 『하나님의 뜻을 아는 법』에서 이렇게 말한다. "모세와 이스라엘 자손들은 홍해 바닷가에서 진퇴양난에 빠졌습니다. 앞으로는 도저히 통과할 수 없는 장애물인 홍해가 가로막고 있었고, 뒤로는 바로의 군대가 쫓아오고 있었습니다. 이때 모세는 이렇게 선포했습니다. "너희는 두려워 말라. 너희가 오늘 본 애굽 사람을 또 다시는 영원히 보지 못하리라." 당시 이스라엘 자손에게 무기라고는 아무것도 없었습니다. 그들은 싸울 줄도 몰랐습니다. 그들은 수백 년 동안 노예로 있었습니다.

이런 상황에서 그들에게 "기도하기를 그치라"고 충고할 수 있는 사람이 우리 중에 과연 몇이나 되겠습니까? 그러나 하나님께서는 모세에게 "기도하기를 그치고 백성들로 하여금 앞으로 나아가게 하라"고 말씀하셨습니다(출애굽기 14:15 참조). 이제 앞으로 나아갈 때가 온 것입니다. 기도하고 정보를 얻은 후에는, 앞으로 나아가야 합니다."

기도하고 정보를 찾았으면 행동해야 한다. 행동하지 않는 기도는 진정한 의미에서 믿음의 기도가 아니다. 기도의 끝은 실행이다. 모세가 기도하기를 그치고 하나님의 말씀대로 했을 때 바다가 갈라지는 놀라운 기적을 경험했다. 이스라엘 백성들은 모세의 믿음의 행동 덕분에 바닷길을 걸어갔다.

이와 유사한 사건이 성경 여호수아에서도 나온다. 모세의 후계자 여호수아가 요단강을 걸어서 건너간 사건이다. 당시 요단강은 물이 넘치는 시기였다. 요단강을 건너갈 수 없는 상태였다는 것이다. 그런데 이스라엘의 제사장들이 하나님의 말씀에 순종하여 요단강에 발을 담글 때 물이 갈라지는 기적을 경험했다. 요단강을 밟는 믿음의 행동이 기적을 일으킨 것이다.

믿음의 기도는 적극적인 기도다. 믿음으로 간절히 기도할 뿐만 아니라 정보를 찾아야 한다. 그리고 문을 두드리는 믿음의 행동이 필요하다. 믿음은 행동으로 증명하는 것이다. 예수님께 간절히 부르짖었던 열 명의 나병환자들은 예수님의 말씀을 믿었기에 제사장에게 갔다. 모세는 믿음으로 홍해를 가르고 바닷길을 걸어갔다. 여호수아와 이스라엘 백성들은 믿음으로 요단강을 밟을 때 기적을 경험했다. 그러니 우리가 원하는 것이 있다면 믿음으로 행동해야 한다. 믿음으로 행동하면 기도가 응답된 것을 확인할 수 있다. 하나님은 우리의 믿음의 도전과 행동을 요구하신다. 당신의 소원은 무엇인가? 예수님께서 당신에게 말씀하신다. "구하라 그러면 너희에게 주실 것이요 찾으라 그러면 찾아낼 것이요 문을 두드리라 그러면 너희에게 열릴 것이니" (누가복음 11:9)

- 05 -

하나님의
타이밍에 맞추라

축복과 기도의 응답에는 하나님의 타이밍이 있다. 기다려야 하는 때가 있고 즉시 실행해야 할 때가 있다. 하나님의 타이밍을 잘 포착하는 것이 가장 중요하다. 최고의 지혜자였던 솔로몬 왕은 이렇게 말한다. "범사에 기한이 있고 천하만사가 다 때가 있나니 날 때가 있고 죽을 때가 있으며 심을 때가 있고 심은 것을 뽑을 때가 있으며"(전도서 3:1-24) 하나님이 정하신 타이밍이 있다는 것이다. 타이밍을 잘못 맞추면 고난을 자초하게 된다.

주식투자도 마찬가지다. 주식 종목을 선정하고 매수할 때와 매도할 타이밍을 맞추는 것이 투자의 모든 것이다. 손해를 보는 이유는 매수해야 할 때 매도하고 매도해야할 때 매수하기 때문이다. 요즘 우리나라는 주식 열풍이 뜨겁다. 작년 2020년 하반기부터 코스피가 상승기를 맞았고 올해 1월에는 코스피지수가 최고치를 갱신했다. 타이밍에 잘 맞춰 주식을 투자한 사람들은 높은 수입을 얻었다. 주식투자를 하기만 하면 수입을 얻을 것이라는 생각이들 정도다.

그런데도 주식투자를 해서 손해를 본 사람들이 있다. 그래서 사람들은 말한다. "주식은 왜 내가 사면 떨어지고 팔면 올라갈까?" 왜 그럴까? 이유는 하나다. 매수와 매도타이밍을 맞추지 못하기 때문이다. 주식투자는 제대로 알고 해야 하는데 분위기에 휩쓸려 주식투자를 했기 때문이다. 근본원인은 조급한 마음이다. 투자에서 멘탈관리는 첫 번째 관문이다. 그래서 처음에는 소액으로 투자하면서 자신의 멘탈을 관리하는 방법을 체득해야 한다.

하나님의 축복과 기도응답을 받는 것도 마찬가지다. 조급한 마음이 하나님의 타이밍을 맞추지 못하게 한다. 하나님은 성경을 통해 우리에게 복주시고 기도응답을 해주신다고 약속하셨다. 우리는 하나님의 약속을 믿고 감사한 마음으로 기다려야 한다. 그런데 조급한 마음은 어느새 불평과 원망으로 변질된다. 그래서 잘못된 선택을 하게 된다. 그러니 조급한 마음을 버려야 한다.

한국 사람들의 가장 큰 특징 중 하나는 "빨리 빨리" 문화일 것이다. 외국인들은 한국인들의 빠른 속도에 감탄하면서도 신기해한다. 인터넷에서 '성질 급한 한국인'이라는 재미있는 글을 발견했다.

10위, 고기 다 익었는지 쉴 새 없이 뒤집어 확인하는 사람

9위, 전자레인지 동작버튼 누르고 돌아가는 접시 들여다보는 사람

8위, 사탕 다 녹기 전에 깨물어 먹는 사람

7위, 수업 종 울리기 전에 가방부터 챙기는 학생

6위, 지하철 환승역의 빠른 이동경로 줄줄이 외는 사람

5위, 노래방에서 남의 노래 중간에 꺼버리는 사람

4위, 커피 자판기 동작 완료 불이 꺼지기도 전에 컵을 잡고 있는 사람

3위, 컵라면에 물 붓고 3분 못 참아 계속 젓가락 뒤적이는 사람

2위, 현금인출기나 마트 계산대 앞에서 짧은 줄 찾아 동분서주하는 사람

1위, 상대방이 통화 중인데 전화 안 받는다고 세 번 이상 계속 전화하는 사람

당신은 여기서 몇 가지나 해당되는가? 사실 나는 두세 가지 빼놓고 대

부분에 해당된다. 나는 40대가 된 지금도 계단을 올라갈 때 두 계단씩 뛰어 넘는다. 이런 급한 성격을 한동안 잊고 살았다. 그러다 상담사로 수련할 때 다시 인지하게 됐다. 어느 날 팀장님이 빙긋 웃으며 내게 말했다. "강훈 선생님 성격이 급하시죠? 상담사들이 느긋한 분들이 많아서 강훈 선생님이 성격 급한 것을 금방 알겠어요."

그때 나는 팀장님에게 질문할 것이 있어서 팀장님 옆에 서 있었다. 그런데 팀장님은 다른 상담사하고 대화를 하고 있었다. 생각해보니 이런 적이 몇 번 더 있었다. 팀장님으로서는 불편할 수도 있었을 것이다.

성격이 급한 나는 기다려야 하는 때가 가장 힘들다. 그러나 축복과 기도응답은 하나님의 때가 있다. 성경 히브리서에는 아브라함에 대해서 이렇게 말씀한다. "이르시되 내가 반드시 너에게 복 주고 복 주며 너를 번성하게 하고 번성하게 하리라 하셨더니 그가 이같이 오래 참아 약속을 받았느니라" (히브리서 6:14~15) 아브라함은 믿음의 조상으로 불린다. 또한 성경은 하나님께서 아브라함을 벗이라 부르셨다. 그런 아브라함도 오래 참아야 했을 때가 있었다는 것이다.

우리는 모든 일이 당장 이루어지길 바라는 경향이 있다. 기도응답도 빨리 이루어지지 않으면 불신하거나 잊어버린다. 특히 한국인은 성격이

급해서 더욱 그런 면이 있다. 그러나 하나님께서 기도에 응답해주실 때는 타이밍이 있다. 하나님은 지혜로우신 분이시다. 때로는 우리가 계획한 시간이 적절한 타이밍이 아니기 때문에 하나님은 우리를 기다리게 하신다.

건강한 부모는 자녀를 사랑하기에 다 해줄 수 있어도 자녀를 위해 기다려준다. 자녀가 문제에 당면했을 때 문제를 바로 해결해줄 수 있지만 기다려줘야 할 때가 있다. 자녀가 문제에 당면해서 힘들어할 때 얼마나 마음이 아픈가? 자녀가 있는 사람들은 대부분 겪어봤을 것이다.

과잉보호는 자녀가 도움을 청하지 않았는데 문제를 해결해주는 것이다. 그리고 자녀가 문제를 만나지 않도록 미리 해결해주는 것이다. 그러면 자녀는 문제를 해결할 수 있는 능력을 갖추지 못하게 된다. 부모의 과잉보호가 자녀를 무능력한 사람으로 만든다. 상담학에서는 방임도 문제지만 과잉보호도 그에 못지않게 자녀를 망치는 양육방식이라고 한다. 때로는 기다려주는 것이 자녀를 위하는 양육방식이다.

하나님은 우리의 아버지이시다. 우리의 부모보다 더 지혜롭고 능력 있는 분이시다. 그러니 우리가 문제를 만나 고통스러워할 때 얼마나 안타까우시겠는가? 능력이 있으심에도 기다려야 하니 말이다. 그러나 최고의 타이밍은 하나님의 타이밍이라는 것을 반드시 기억해야 한다. 하나님의 타이밍을 이해하면 우리의 조바심과 고통은 모두 날아간다. 최고의 타이밍을 위한 기다림이기 때문이다.

내가 아내를 만난 것도 최고의 타이밍이었다. 앞서 말한 바와 같이 내게 여성을 소개해준 분들이 많았다. 목사님과 전도사님, 그리고 권사님과 집사님들이 적극적으로 소개를 해주셨다. 사실 그분들이 소개해주셨는데 인연이 되지 않을 때면 굉장히 민망했다. 그래서 더 이상 소개를 받지 않으려고 했다. 그런데 부목사로 교회를 섬기고 있어서 소개가 아니면 만나는 것조차 어려운 상황이었다. 그런데도 나는 기도하면서 감동받은 대로 믿음으로 날짜를 선포했다. 지금 생각해보면 어떻게 그렇게 대담했을까 싶다.

그러던 어느 날 우연히 아내를 만나게 됐다. 그런데 알고 보니 아내의 나이가 너무 어렸다. 그래서 인연이 아닌가 생각하기도 했었다. 장모님도 아직 딸을 시집보내고 싶지 않아 하셨다. 고맙게도 아내가 굉장히 적극적이었다. 그렇지 않았으면 결혼은 생각하지도 못했을 것이다. 게다가 아내를 알게 됐을 때 아내는 몇 달 전에 만나던 남성과 헤어진 상태였다. 지금 생각해봐도 놀라운 타이밍이었다. 하나님의 타이밍에 정확하게 맞았던 것이다. 아내를 만나서 결혼하는 과정까지 모든 것이 그렇다. 하나님의 타이밍이 맞으니 만난 지 일 년도 안돼서 결혼식을 했다. 그리고 아내는 당시에 내가 기도하며 구했던 배우자의 모습과 대부분 일치했다. 하나님의 타이밍을 기다리지 못하고 섣불리 인연을 만들었다면 지금의 아내를 만나지 못했을 것이다. 하나님의 타이밍에 감사할 뿐이다.

하나님의 타이밍에 맞추는 일에 조급함만이 문제가 아니다. 때로는 실행력이 필요하다. 성경은 즉시 실행하지 않는 것도 믿음의 결핍이라고 말씀한다. 너무 조급해도 안 되지만 너무 느긋해도 안 된다. 균형이 있어야 한다.

성경에 바울이라는 사도가 나온다. 그는 하나님께 귀하게 쓰임 받은 위대한 사도이다. 성경 사도행전에서 바울이 서두름과 느긋함의 균형감각을 적절하게 보여주고 있다(사도행전 20:13~16). 당시에 바울은 매우 중요한 일을 앞두고 있었다. 그 일은 예루살렘으로 귀환하는 것과 바울의 평생의 꿈인 로마 선교를 시작하는 것이었다. 그런 바울이 드로아에서 앗소에 가는 길에 자신과 함께 하는 팀원들을 배에 태워서 먼저 보냈다. 그리고 자신은 혼자 걸어갔다. 드로아에서 앗소는 약 32km이다. 걸어가기엔 꽤 먼 길이다. 왜 그 먼 길을 혼자 걸어갔을까? 바울은 중요한 일을 앞두고 혼자 걸으면서 생각하고 기도했던 것이다. 하나님의 타이밍을 맞추는 시간이 필요했다.

혼자만의 시간을 가진 바울은 드로아에서 밀레도까지 지체 없이 움직인다. 빠른 추진력으로 중요한 일을 실행한 것이다. 바울은 혼자만의 시간을 가지며 조급함을 버렸고 충분히 생각한 후에는 지체 없이 실행했다. 그 결과 바울은 생의 마지막에 위대한 꿈과 비전을 이룰 수 있었다. 하나님이 타이밍을 맞춘 결과였다.

하나님의 타이밍이 최고의 타이밍이다. 하나님의 타이밍에 맞추지 않으면 성공할 수 없다. 인내는 쓰다. 그러나 인내 또한 믿음의 한 부분이다. 하나님은 선하시며 우리가 상상할 수 없을 정도로 지혜로우신 분이시다. 그분은 우리를 위해서 모든 조각을 맞추고 계신다. 우리는 일면만 보지만 하나님은 전체를 보신다. 기다림이 답답하지만 하나님이 정한 타이밍이 오면 순식간에 이뤄진다. 그때를 상상해보라. 기쁘지 아니한가! 그러니 조급해하지 말라. 소망이 이뤄질 때를 상상하며 기쁘게 하나님의 타이밍을 기다리는 것이 지혜이다. 반대로 빠른 실행력이 필요할 때가 있다. 믿음은 행동으로 증명된다. 기도응답은 실행할 때 확인된다. 그러니 하나님의 타이밍에 맞추기를 힘쓰라. 당신의 성공은 하나님의 타이밍에 있다.

06

시련이 올 때에
'이 또한 지나가리라'를 기억하라

하나님의 타이밍에 맞추기 위해서는 인내심과 실행력이 필요하다. 그런데 인내심과 실행력에는 시련처럼 힘겹게 느껴질 때가 있다. 때로는 끝이 보이지 않는 시련 속에 갇혀 있는 것 같은 느낌이 들 수도 있다. 미래에 대한 불안감은 우리를 가장 힘겹게 한다. 그럴 때 우리는 생각을 전환해야 한다.

파울로 코엘료는 "가장 어두운 시간은 해뜨기 바로 직전의 시간이다."라고 했다. 어두움은 영원히 지속되지 않는다. 해가 뜨면 언제 그랬냐는 듯이 어둠은 사라진다. 우리의 인생도 마찬가지다. 내가 힘겨울 때마다 생각하는 문구가 있다. 바로 '이 또한 지나가리라.'라는 문구이다.

이 문구의 유래는 이렇다. 어느 날 다윗 왕이 반지가 하나 갖고 싶었다. 그래서 반지 세공사를 불러 말했다. "나를 위한 아름다운 반지를 하나 만들되, 내가 승리를 거두고 너무 기쁠 때에는 교만하지 않게 하고 내가 절망에 빠지고 시련에 처했을 때엔 용기를 줄 수 있는 글귀를 넣어라."

세공사는 다윗 왕의 요구대로 반지를 만들었다. 그러나 다윗이 말한 두 가지 의미를 지닌 글귀는 도무지 떠오르지 않았다. 고민 끝에 당시 지혜롭다고 소문난 다윗의 아들 솔로몬 왕자를 찾아갔다. 세공사는 솔로몬 왕자에게 물었다. "왕자시여, 다윗 왕께서 기쁠 때 교만하지 않게 하고 절망에 빠졌을 때 용기를 줄 수 있는 글귀를 반지에 새기라고 하시는데 어떤 글귀면 좋겠나이까?"

솔로몬은 세공사의 말을 듣고 잠시 생각했다. 그리고 이렇게 말했다. "이 또한 지나가리라."

유태인들은 역사상 많은 시련을 겪었다. 그 중에서도 2차 세계대전 당시 독일 나치의 유태인 학살은 너무나 끔찍했다. 유태인들이 그런 시련에도 견딜 수 있었던 것은 바로 "이 또한 지나가리라."라는 문구를 되새겼기 때문이라고 한다. 아무리 힘든 일이라도 영원한 것이란 없다. 반드시 지나가게 되어 있다. 이 또한 지나간다고 믿으면 여유가 생긴다. 여유가 생기면 시련은 생각을 전환하는 축복이 된다.

나도 많은 시련을 겪어왔다. 가장 최근에는 교회를 개척한 이후 수입이 없어서 경제적인 시련을 겪었다. 시련 속에서 나는 기도하며 성경을 연구했다. 그 과정에서 물질의 문제에 대한 깨달음을 얻었다. 시련은 고통스럽지만 간절한 마음을 갖게 한다. 간절한 마음은 간절한 기도로 연결된다. 간절한 기도는 대안을 찾을 수 있는 지혜와 실행력을 갖게 한다. "시련은 사명이다."라는 말이 있다. 시련을 통해 깨닫게 된 교훈과 대안은 같은 시련을 당하는 사람들을 도울 수 있는 선한 도구가 된다. 그래서 시련은 또 다른 축복이다. 시련은 기존의 사고방식을 바꾸고 성숙한 사고방식을 만들기 때문이다.

하나님은 우리에게 시련을 만드시지는 않지만 우리가 시련을 통과하게 하신다. 그리고 시련을 이길 힘을 주신다. 그 과정에서 우리는 단단해지고 실력을 갖추게 된다. 생각을 바꾸면 시련은 성장과 발전의 기회가 된다. 그러니 우리의 생각을 바꿔야 한다. "이 또한 지나가리라"라고 생각하면 견딜 수 있다. 시련이 변형된 축복이라고 믿으면 시련은 우리에게 축복이 된다.

성경 창세기에는 요셉이 나온다. 요셉은 많은 시련을 이겨내고 하나님께 크게 쓰임 받았다. 요셉의 시련은 친형들에 의해 애굽의 노예로 팔려가면서부터 시작됐다. 그때가 요셉이 나이 17살이었다. 이후에도 주인의 부인에게 누명을 쓰고 감옥까지 가게 된다. 그런 시련 속에서 요셉은 단단해졌고 마침내 당시 최강국인 애굽의 총리까지 됐다. 그리고 극심한 가뭄으로 애굽을 포함한 주변 모든 나라가 고통 받을 때 요셉의 지혜로 살아남을 수 있었다.

요셉은 자신을 노예로 팔아먹은 형들에게 이렇게 말한다. "당신들이 나를 이곳에 팔았다고 해서 근심하지 마소서 한탄하지 마소서 하나님이 생명을 구원하시려고 나를 당신들보다 먼저 보내셨나이다" (창세기 45:5)

요셉이 처음부터 이렇게 성숙한 사람이 아니었다. 형들이 요셉을 미워한 원인은 아버지의 편애뿐만 아니라 요셉의 얄미운 언행 때문이었다. 요셉은 야곱의 11번째 아들이었다. 그런데 야곱이 11명의 아들 중에 요셉을 편애했다. 요셉에게만 채색 옷을 입혔다. 당시에 채색 옷은 왕자들이나 입을 정도로 귀한 옷이었다. 그러니 형들이 얼마나 질투했겠는가? 야곱은 요셉에게 일도 시키지 않았다. 형들만 일을 하게 했다. 게다가 요셉은 눈치 없이 아버지 야곱에게 형들의 잘못을 고자질했다. 뿐만 아니라 형들이 자신에게 절을 하는 내용의 꿈을 자랑하듯 얘기했다. 그래서 형들은 요셉을 더욱 미워하게 됐다.

철없던 요셉이 시련을 받으면서 성숙해져갔다. 요셉이 애굽의 총리가 될 수 있었던 결정적인 계기가 감옥에 있을 때 다른 사람들을 돌본 일 때문이었다. 어느 날 요셉이 감옥에 갇힌 두 사람을 보니 안색이 안 좋았다. 그래서 그 이유를 물었다. 그들은 자신들이 꾼 꿈에 대해서 이야기했다. 요셉은 그들의 꿈을 지혜롭게 해몽해주었다. 그리고 요셉의 해몽대로 됐다. 시간이 지나 애굽 왕이 이해할 수 없는 심각한 꿈을 두 번이나 꾸었다. 애굽 왕이 꿈으로 번민할 때 요셉에게 해몽을 받았던 관원이 요셉을 추천했다. 요셉은 애굽 왕의 꿈을 해석할 뿐만 아니라 대안까지 제시했다. 애굽 왕은 요셉에게 감동해 총리로 임명했다. 자기만 알고 형들의 기분은 생각하지 않았던 요셉이 다른 사람의 안색을 살피며 챙기는 놀라운 성장을 한 것이다.

17세에 노예로 팔려온 요셉이 어떻게 대국이었던 애굽의 총리의 역할을 해낼 수 있었을까? 극심한 시련 가운데에서도 꿈을 잃지 않았기 때문이다. 꿈을 잃지 않으니 맡은 바 임무를 성실히 할 수 있었다. 주인은 요섭의 성실함과 탁월함에 집안의 모든 것을 맡겼다. 다시 주인의 부인에게 억울한 누명을 쓰고 감옥에 갇혔을 때도 요셉은 낙심하지 않았다. 꿈이 있었기 때문이다. 거기서도 간수장에게 인정받았다. 간수장은 요셉에게 옥중의 죄수를 다 맡겼다. 꿈을 잃지 않은 요셉은 성실히 임무를 수행했고 그 결과 놀랍게 성장했다. 실력뿐만 아니라 인격도 성장했다. 요셉의 성장은 많은 사람들을 살렸다. 극심한 시련도 요셉의 꿈을 막지 못했다. 시련 속에서 요셉은 놀랍게 성장했고 엄청난 성공을 이뤄냈다.

그럼에도 불구하고 요셉의 성공의 가장 중요한 원인은 하나님이다. 하나님께서 요셉에게 꿈을 주셨고 시련을 겪는 과정에서도 늘 함께 하셨다. 성경은 이렇게 말씀한다.

"여호와께서 요셉과 함께 하시므로 그가 형통한 자가 되어"(창세기 39:2)

"여호와께서 요셉과 함께 하시고 그에게 인자를 더하사 간수장에게 은혜를 받게 하시매"(창세기 39:21)

"여호와께서 그를 범사에 형통하게 하셨더라"(창세기 39:23)

하나님이 요셉과 함께하셔서 형통하게 하셨다. 하나님은 시련 속에서도 우리와 함께 하신다. 더 나아가 하나님께서는 요셉의 형들의 악행까지도 선으로 바꾸셨다. 하나님은 시련을 축복으로 바꾸시는 분이시다. 우리에게 시련을 이길 수 있는 힘을 주시고 놀라운 축복을 주신다. 우리가 이 사실을 기억하면 시련 속에서도 꿈을 잃지 않고 시련은 오히려 축복이 된다. 시련 속에서 깨달아 지혜를 얻게 되고 실력을 갖추게 된다. 그러니 하나님의 도우심을 믿으라.

당신은 지금 어떤 시련을 겪고 있는가? 생각을 바꾸라. 이 또한 반드시 지나갈 것이다. 시련이 영원할 것이라는 거짓에 속지 말라. 오히려 시련이 축복이 될 것이다. 무엇보다 전능하신 하나님이 함께 하신다. 하나님께서 당신에게 시련을 이길 힘을 주신다. 그러니 생각을 바꾸고 꿈을 이룰 날을 생생하게 그리며 오늘을 성실하게 살아가자.

07

하나님의
도우심을 믿으라

KFC 창업자 커널 샌더스는 이렇게 말했다. "나는 65세가 넘도록 포기하지 않았다. 대신 무언가를 할 때마다 그 경험에서 배우고 다음번에는 더 잘 할 수 있는 방법을 찾아냈다."

그는 수많은 실패에도 굴하지 않고 65세에 KFC를 창업했다. 그는 자신의 요리비법을 팔기 위해 105불을 들고 미국 전역을 3년 동안 돌아다녔다. 그 과정에서 1008번이나 거절을 당했다. 수많은 거절에도 그는 굴하지 않았다. 마침내 1009번째에 자신의 조리법을 받아들인 식당을 찾아냈다. 그리고 큰 성공을 이뤄냈다. 오랜 시련 속에서도 포기하지 않고 끊임없이 도전한 결과이다.

커널 샌더스의 일화를 그린 최은영 작가는 『1008번의 실패 1009번째의 성공』에서 이렇게 말한다. "우리가 어떠한 일을 시작하든 맨 처음에서 출발하는 것이 아니다. 실패와 좌절의 경험은 인생을 살아가면서 온몸으로 겪는 공부이기 때문이다. 당신이 이제까지 걸어온 길은 그게 어떤 것이든 결코 하찮지 않다."

우리가 겪은 모든 것은 결코 하찮지 않다. 실패와 좌절의 경험도 성공의 밑거름이 된다.

내가 아는 교수님은 재직 중이던 신학대학교의 총장이 되려고 오랜 시간 노력하셨다. 그런데 마지막 기회라고 생각하던 때에 총장이 되지 못하셨다. 반드시 총장 될 것이라고 생각하고 열심히 준비하셨는데 마지막 기회를 놓치고 힘겨워하셨다. 그런데 놀랍게도 얼마 지나지 않아 교단의 총회장으로 선출되셨다. 총회장이 되신 교수님은 짧게 소감을 말씀하셨다. "하나님이 내게 창문을 막으시고 대문을 열어주셨습니다." 교수님의 짧은 소감이 아직도 기억에 남는다. 교수님은 총장이 되지 못했지만 더 큰 축복을 받았다. 총장이 되기 위해 했던 모든 노력은 총회장으로서의 실력으로 발휘됐다.

대부분의 사람들이 절망하는 이유 중 하나는 시련의 끝이 보이지 않기 때문일 것이다. 그러나 시간은 흐르고 있다. 시련 또한 반드시 지나간다. 시련을 겪고 있는 중일지라도 생각을 바꾸면 길이 보이기 시작할 것이다. 무엇보다 중요한 것은 하나님이 우리를 사랑하신다는 사실이다. 하나님은 우리를 결코 버리지 않으신다. 다윗은 "나의 아버지와 나의 어머니는 나를 버려도, 주님은 나를 돌보아 주십니다"(시편 27:10 새번역)라고 고백했다.

내가 암송해서 자주 묵상하는 말씀이 있다. "두려워하지 말라 내가 너와 함께 함이라 놀라지 말라 나는 네 하나님이 됨이라 내가 너를 굳세게 하리라 참으로 너를 도와주리라 참으로 나의 의로운 오른손으로 너를 붙들리라"(이사야 41:10)

하나님은 우리에게 '두려워하지 말라'고 명령하신다. 두려움을 극복하지 못하면, 자신이 겪는 시련보다 더 큰 무게를 느끼게 되기 때문이다. 그러면 희망을 잃어버리게 된다. 우리가 걱정하는 일의 90%는 실제로 일어나지 않는다는 연구보고가 있다. 우리가 걱정하고 두려워하는 대부분이 실제가 아니라는 것이다. 두려움은 생각과 감정을 압도하여 판단력을 잃게 한다. 그래서 더 큰 두려움에 빠지게 한다. "호랑이한테 물려가도 정신만 차리면 산다." 아무리 어려운 상황이라도 정신만 차리면 살 길을 찾을 수 있다.

하나님은 두려워하지 말라는 이유를 명확하게 제시하신다. '내가 너와 함께 함이라'가 그것이다. 성경은 하나님을 '임마누엘'이라고 표현한다. '임마누엘'은 하나님이 우리와 함께하신다는 뜻이다. 하나님은 우리가 시련을 당할 때 더욱더 함께하신다. 대부분의 사람들이 시련을 당할 때 절망하는 이유는 도무지 해결할 수 있는 방법이 없어 보이기 때문이다. 그리고 시련이라는 망망대해에 나 혼자 있다는 생각 때문이다. 그러나 하나님은 약속하셨다. '내가 너와 함께 함이라' 하나님은 우리를 홀로 두지 않으신다.

그리고 '나는 네 하나님이 됨이라'라고 말씀하신다. 하나님은 당신의 하나님이시다. 그러니 두려워할 필요가 없다. '참으로'를 두 번이나 사용하시며 우리를 도와주신다고 약속하셨다. 우리를 돕겠다는 하나님의 강한 의지를 보여주시는 것이다. 하나님은 약속을 지키시는 분이시다. 약속대로 반드시 우리와 함께하시며 참으로 우리를 도와주신다.

다윗은 하나님의 도우심에 대해서 이렇게 고백한다. "내가 산을 향하여 눈을 들리라 나의 도움이 어디서 올까 나의 도움은 천지를 지으신 여호와에게서로다 여호와께서 너를 실족하지 아니하게 하시며 너를 지키

시는 이가 졸지 아니하시리로다" (시편 123:1-3)

다윗은 10대 소년일 때 물맷돌 하나로 적장 거인 골리앗을 이겼다. 하나님의 도우심 때문이었다. 당시에 이스라엘 군대와 블레셋 군대는 대치 중이었다. 적장 거인 골리앗이 혼자 나와서 일대일 승부를 제안했다. 거대한 골리앗을 보고 이스라엘 군대는 벌벌 떨었다. 누구도 선뜻 나서지 못했을 뿐만 아니라 숨기 바빴다. 골리앗은 벌벌 떨고 있는 이스라엘 군대에게 모욕하는 것을 들었다.

그때 다윗은 아버지의 심부름을 왔다가 거인 골리앗이 이스라엘 군대를 모욕하는 것을 봤다. 그리고 거인 골리앗과 싸우려고 했다. 그런 다윗을 보고 형들은 호통을 쳤다. 형들이 동생 다윗을 볼 때 어린 소년의 철없는 치기로만 보인 것이다. 누가 봐도 거인 골리앗은 그런 상대였다. 심지어 당시 왕인 사울도 만류했다.

그러나 다윗은 하나님이 자신을 도우시기 때문에 거인 골리앗을 이길 것이라 확신했다. 지금까지 자신을 도우신 하나님을 믿었기 때문이다. 다윗은 사울 왕이 준 갑옷과 칼도 가지고 가지 않았다. 자신에게 있는 막대기와 물맷돌 다섯 개만 가지고 거인 골리앗 앞에 섰다. 이를 본 골리앗은 자신을 우습게 여긴다고 생각해 분노하며 저주를 퍼부었다. 그러나 다윗은 거인 골리앗에게 이렇게 말했다. "너는 칼과 창과 단창으로 내게 나아오거니와 나는 만군의 여호와의 이름 곧 네가 모욕하는 이스라엘 군대의 하나님의 이름으로 네게 나아가노라" (사무엘상 17:45)

그리고 물맷돌 하나로 거인 골리앗을 이겼다. 아무도 소년 다윗이 거인 골리앗을 이길 것이라고는 생각하지 않았다. 단 한 사람 다윗 자신만이 이긴다고 확신했다. 다윗은 자신의 무기인 물맷돌을 우습게 여기지 않았다. 확신이 중요하다. 내게 있는 것이 작아보일지라도 하나님이 도우신다는 확신만 있으면 성공할 수 있다.

당신이 가진 것이 작아 보이는가? 내가 가진 재능이, 달란트가 작게만 보이는가? 세상이 거대한 거인 골리앗처럼 보이는가? 다윗을 보라. 다윗은 하나님이 자신과 함께 하시고 도우신다는 것을 믿었기에 거인 골리앗을 크게 보지 않았다. 하나님이 도우시는 자신을 더 크게 봤다. 그래서 모두가 두려워하는 일에 당당히 맞섰다. 그리고 승리를 쟁취했다. 그렇다. 하나님이 함께 하시면 거인 골리앗도 이길 수 있다. 이것이 성공의 비결이다.

그런 다윗도 오랜 시련을 겪으면서 낙심해 잘못된 선택을 한 적이 있다. 다윗이 너무 뛰어나자 당시 왕이었던 사울이 질투했다 그래서 사울 왕은 자신이 할 수 있는 모든 방법을 동원해 다윗을 죽이려고 했다. 다윗은 사울을 피해 오랜 시간 도망 다니게 됐다. 한 번은 사울 왕이 다윗이 숨어있는 곳을 알게 되어 천 명의 정예병으로 포위한 적이 있었다. 다윗에게 절체절명의 위기의 순간이었다. 그때 블레셋이 침략했다. 사울은 다윗을 포기하고 돌아갈 수밖에 없었다.

다윗은 몇 번의 위기를 겪고 난 후 두려움에 빠져 잘못된 선택을 했다. 원수 나라인 블레셋 땅으로 피신해 블레셋의 왕 아기스에게 의탁한 것이다. 그러다 이스라엘과 블레셋이 큰 전쟁을 벌이게 됐다. 아기스 왕은 다윗도 전쟁에 참여시키려고 전장으로 데려갔다. 다윗은 이러지도 저러지도 못하는 상황에 처하게 됐다. 전쟁에 참전하면 자신의 민족 이스라엘 백성들을 죽여야 한다. 그러나 1년 이상을 아기스 왕에게 도움을 받았기 때문에 거절할 수 없는 상황이었다. 게다가 다윗이 사울에게 미움을 산 결정적인 이유는 하나님께서 다윗을 왕으로 삼으려고 하셨기 때문이었다. 이 전쟁에 이스라엘의 적군인 블레셋 군으로 참전하면 그동안의 모든 시련은 무의미하게 되는 것이다. 다윗 스스로의 힘으로는 벗어날 수 없는 상황이었다.

그때 다윗을 본 블레셋 방백들이 분노하며 다윗의 참전을 거세게 반대했다. 아기스 왕은 하는 수 없이 다윗을 돌려보냈다. 하나님께서 생각지도 못한 방법으로 다윗을 위기에서 구해주신 것이다. 이렇게 하나님의 방법은 놀랍다. 우리가 생각하지도 못하는 방법으로 도와주신다.

다윗도 오랜 시련으로 낙심하여 잘못된 선택을 했었다. 다윗도 낙심하고 실수하는 사람일뿐이었다. 그럴지라도 하나님은 그를 지키시고 도우셨다. 그래서 다윗은 다시 왕이 되는 꿈을 꾸며 담대히 시련을 견뎌내고 끝없이 도전했다. 그 결과 다윗은 이스라엘 역사상 가장 위대한 왕이 됐다. 지금도 유태인들의 국기는 다윗의 별이다. 그 정도로 다윗은 인정받는 왕이 됐다. 하나님이 도우셨기 때문이다. 그런 하나님을 다윗이 믿었기 때문이다.

그러니 우리도 낙심될 때 하나님의 말씀을 묵상해야 한다. 하나님의 말씀을 묵상할 때 우리는 다시 회복되어 꿈을 꿀 수 있다. 때로는 하나님의 도우심이 느껴지지 않는 것처럼 여겨질 때가 있다. 그러나 하나님은 지금도 다양한 방법으로 우리를 돕고 계신다. 이 사실을 믿기만 하면 된다. 하나님의 도우심을 믿는 것이 성공의 비결이다.

08

감사는 다양한
기회를 가져온다

"호의가 계속되면 권리인 줄 알아요." 2010년에 개봉됐던 영화 〈부당
거래〉에서 나온 대사이다. 악역 배우의 대사였지만 사람들에게 큰 공감
을 일으켜서 지금까지 명언처럼 쓰이고 있다. 누구나 호의에 감사하지
않고 당연한 권리처럼 여기는 사람에게 호의를 베풀고 싶지 않을 것이
다. 심지어 그런 사람과는 관계하고 싶지 않은 것이 솔직한 심정이다. 그
러니 호의에 감사하지 않는 사람은 결국 좋은 사람을 놓치는 우를 범하
는 것이다.

심리학 박사 이민규는 『끌리는 사람은 1%가 다르다』에서 "성공하는 사

람 뒤에는 반드시 친밀한 관계의 협조자가 있다. 그들에게는 가족, 동료와 선후배 및 고객을 끄는 힘이 있다. 원하는 것을 얻고 싶다면 다른 사람의 협조를 끌어낼 수 있어야 한다."라고 말한다. 그리고 관계를 유지하는 방법 중 하나로 "당연한 일에도 감사할 일을 찾아보라"라고 권한다.

우리의 삶에는 사람이 가장 중요하다. 특히 좋은 사람들과 관계를 유지하는 관계능력은 삶의 질을 높인다. 좋은 사람들과의 관계는 행복을 가져다주고 좋은 기회들을 만들어준다. 모든 일은 사람이 하는 것이기 때문이다. 그러니 행복과 성공을 위해서 좋은 관계를 이끌어내는 능력은 필수요소인 것이다.

솔직히 말하면 나도 감사를 잘 표현하는 사람에게 마음이 간다. 내가 전도사로 중고등부를 맡았을 때 일이다. 중고등부 학생들이 귀엽고 사랑스러워서 잘해주고 싶었다. 또 첫해여서 학생들과 친해지고 싶은 마음도 있었다. 마침 그날은 중고등부 임원 두 명의 생일이었다. 그래서 교회 근처의 꽤 비싼 레스토랑에서 점심을 사주었다. 그런데 학생들이 별로 고마워하지 않고 당연히 여겼다. 나는 표현은 안 했지만 마음이 상했다.

그때부터 나는 제자훈련을 할 때 감사하는 연습을 시켰다. 제자들은 생각보다 감사하는 것을 어려워했다. 그래서 감사일기를 쓰는 것으로 변경했다. 감사일기를 쓰는 것에 대한 소감을 물었더니 처음에는 한참 생각했다고 한다. 사실 나도 그랬다.

감사는 저절로 되지 않는다. 의도적으로 생각해야 한다. 처음에는 감사할 것이 별로 없는 것 같다. 그러나 몇 번 연습하다 보면 감사한 일이 많다는 것을 경험하게 된다. 그러면 기쁘고 더 감사하게 된다. 감사는 긍정적인 감정과 긍정적인 생각을 이끌어낸다. 생각이 유연해져서 문제해결 능력도 좋아진다. 뿐만 아니라 정신건강에도 큰 도움이 된다. 감사하는 마음과 부정적인 정서는 공존할 수 없기 때문이다.

정신의학에서 스트레스의 대가라고 불리는 한스 셀리 교수의 고별강연을 할 때 있었던 일이다. 한스 셀리가 강연을 끝내고 내려가는데 한 학생이 길을 막고 질문했다.

"선생님, 우리가 스트레스 홍수시대를 살고 있는데 스트레스를 해소할 수 있는 비결을 딱 한 가지만 이야기해 주십시오." 그러자 한스 셀리는 딱 한마디로 대답했다. "Appreciation"(감사!)

〈건강 100세 연구소〉의 초대소장 이시형 박사가 직접 현장에서 보고한 말이다. 그리고 이시형 박사는 이렇게 말한다.

"여러분, 감사만큼 강력한 스트레스 정화제가 없고, 감사만큼 강력한 치유제도 없습니다. 종교인이 장수하는 이유 중 하나는 범사에 감사하기 때문입니다. 작은 일이나 하찮은 일에도 하나님께 감사드리는 이 자세가 종교인이 장수하는 비결로 의학에서는 증명하고 있습니다. 감사하는 마음속에는 미움, 시기, 질투가 없습니다. 참으로 편안하고 마음이 평온하면서 뇌과학적으로 말하면 이러한 순간 세로토닌이 펑펑 쏟아진다고 합니다. 여러분, 세로토닌이 건강체를 만든다는 이야기는 제가 말씀 드린 적이 있습니다. 이렇게 감사라는 것이 인간을 그저 편안하게 하고 몸과 마음을 건강하게 하는 것입니다."

감사하면 스트레스가 없어지고 건강체를 만드는 세로토닌을 만든다는 것이다. 감사는 몸과 마음을 건강하게 한다.

19년 전 우리 가정이 1억의 빚을 졌을 때 아버지는 스트레스를 받아 쓰러지셨다. 그런데 아버지보다 몸이 약했던 어머니는 견뎌내셨다. 비결은 감사에 있었다. 어머니는 큰 시련 속에서도 감사하셨던 것이다. 그동안의 삶이 하나님의 은혜였다는 것을 기억하며 감사하셨다. 그런 상황에서 어느 누가 쉽게 감사할 수 있겠는가? 의도적으로 감사하기를 선택하신 것이다. 그 결과 어머니는 19년째 건강을 유지하며 몸이 불편한 아버지를 돌보고 계신다.

아버지가 쓰러지신 후에 당연히 가계는 더 어려워졌다. 그러나 시련 속에서도 감사한 어머니에게는 감사한 일들이 더 많아졌다. 어머니의 끊임없는 간증을 들으면 놀랍기만 하다. 나는 어머니에게서 감사하는 방법을 보고 배웠다. 그래서 어려움을 해결하기 위해 성경을 연구할 때 한 편으로는 감사하기에 힘썼다. 또한 성경에서 감사가 축복의 비결이라는 사실을 발견했다.

하나님은 "네 하나님 여호와를 기억하라 그가 네게 재물 얻을 능력을 주셨음이라"고 말씀한다. 하나님이 행하신 일들을 기억하라는 것이다. 이 말씀의 앞 구절은 이스라엘 백성들이 어떻게 광야에서 40년 동안 살 수 있었는지 언급하고 있다. 하나님이 주신 축복을 기억할 때 믿음의 확신을 갖게 되고 감사하게 된다. 하나님은 이스라엘 백성들이 하나님이 하신 일들을 잊지 않도록 시각화하게 하셨다. 또한 하나님의 말씀인 성경을 주셔서 하나님의 역사와 은혜를 기억하게 하셨다. 이미 받은 복을 기억하는 것이 중요하다.

성경에 하나님의 뜻은 우리가 범사에 감사하는 것이라고 말씀한다. 어떻게 범사에 감사할 수 있을까? 불가능한 일처럼 보인다. 어떤 사람들은 "감사할 일이 있어야 감사하지. 요즘 같은 시기에 감사할 일이 있나?"라고 말한다. 그러나 감사는 받는 것으로부터 시작되는 것이 아니다. 이미 주신 은혜를 깨닫는 것으로부터 시작된다. 그리고 앞으로 주실 은혜를 확신하며 미리 감사하는 것이다. 그러면 감사한 일이 현실이 된다.

오프라 윈프리는 자신의 아픔을 극복하고 세계에서 가장 영향력이 있는 사람이 될 수 있었던 것을 책과 감사일기 덕분이라고 한다. 그녀는 하루도 빠지지 않고 감사일기를 쓴다. 그녀의 감사일기는 특별한 방법이 아니다. 하루 동안 일어난 일들 중에 감사한 일 다섯 가지를 찾아 기록하는 것이다. 그녀는 이렇게 감사한다.

"눈부신 파란 하늘을 보게 해주셔서 감사합니다.", "좋은 책을 읽었는데 그 책을 써준 작가에게 감사합니다." 그리고 감사에 대해 이렇게 말한다. "감사함을 통해 아무 의미도 없다고 생각했던 삶에도 기쁨과 즐거움이 있음을 깨닫게 되고, 그 마음이 차곡차곡 쌓여 운명을 바꿨다."

감사하는 방법 중 가장 쉽고 효과적인 방법은 감사일기다. 오프라 윈프리처럼 아주 사소한 것이라도 기록하면 된다. 감사한 일을 생각하고 기록하다보면 좋은 일들을 생각하고 기억하게 된다. 나의 삶에 대한 생각이 긍정적으로 바뀌게 된다. 내게 도움을 주거나 기쁨을 준 사람들이 생각난다. 내가 혼자가 아니며 좋은 분들이 나와 함께 하고 있다는 사실에 감사하고 힘이 난다.

그리고 부정적인 생각이 들 때마다 감사일기를 읽으라. 그러면 바닥까지 떨어졌던 마음이 다시 긍정적으로 변할 것이다. 미래에 대한 기대감을 갖게 될 것이다.

특히 하나님이 주신 복과 은혜를 사소한 것까지 다 기록하는 것이 가장 좋다. 그러면 믿음이 쑥쑥 자랄 것이다. 지금까지 복 주시고 도우신 하나님이 앞으로도 도우실 것이라는 확신을 갖게 될 것이다.

하나님께서 주신 복과 도우심을 생각하면 힘이 솟는다. 자신감을 갖게 된다. 내가 사랑받고 있는 존귀한 존재라는 것을 깨닫게 된다. 그리고 감사일기에 기록된 감사한 분들에게 감사를 표현하라. 그러면 나도 그분들을 더 사랑하게 되고 그분들도 나를 더 사랑하게 될 것이다. 좋은 분들의 마음을 얻는 비결이다.

감사는 특별한 것이 아니다. 우리의 일상에서 감사할 일은 차고 넘친다. 은혜를 기억하고 감사하는 마음은 풍요로운 삶이 지속되게 하는 최고의 보험이다. 감사할 때 더 많은 기쁨을 얻는다. 감사할 때 신체도 정신도 더 건강해진다. 감사할 때 멋진 인간관계가 형성되고, 더 많은 기회를 돌려받게 된다. 이렇게 감사는 다양한 기회를 가져온다. 이것이 내가 성경에서 찾은 더 크게 성공하는 비법이다.

톰 피터스의 말을 마음에 새기자. "성공은 감사의 표현 횟수와 비례한다. 감사라는 말은 삶의 윤활유와 같다. 성공이란 오늘 '감사합니다.'라는 말을 몇 번 했는지, 오늘 보낸 감사 편지 수에 비례한다. 모든 것에 감사하는 마음으로 살아간다면 감사해야 할 일은 끊임없이 꼬리를 물고 이어질 것이다."

The Biblical Principles of Finance

5장

나는 축복을
나누는
그리스도인이다

The Biblical Principles of Finance

진정한 부자로
거듭나라

"부자가 더 무섭다."라는 속담이 있다. 부자가 더 인색하게 군다는 의미다. 지난 16년간 교회에서 목회자로 사역하면서 실제로 그렇다는 것을 경험했다. 다른 사람에게 잘 베풀고 섬기는 사람은 오히려 평범한 사람들이었다. 그들과 관계하며 느낀 것은 그들의 마음이 풍요로웠다는 것이다. 풍요로운 마음에서 행복감이 느껴지지 않을까?

인색함은 마음을 가난하게 한다. 아무리 많은 재산을 소유했더라도 행복을 누리지 못할 것이다. 나는 억만금을 가지고 있더라도 인색하다면 부자가 아니라고 생각한다. 그런 부자는 되고 싶지도 않다.

내가 아는 지인 중의 한 명은 비교적 여유로운 형편에도 늘 가난한 사고를 갖고 있었다. 그가 상담을 받으면서 자신의 가난한 사고의 원인을 깨닫게 됐다. 원인은 부모의 인색함 때문이었다. 어린 시절 그의 아버지는 사업을 하셨다. 그런데 늘 "사업이 잘 안 된다.", "요즘 경제가 너무 안 좋다."라는 말을 달고 사셨다고 한다. 용돈을 주실 때도 꼭 "아껴 써야 한다.", "내가 얼마나 힘들게 돈을 벌고 있는 줄 아냐?"고 하시면서 회사 사정이 어렵다고 하셨다고 한다. 당시에 IMF사태를 맞이한 때여서 그는 아버지의 말을 그대로 믿었다고 한다. 그래서 늘 불안한 마음이 있었다고 한다.

그러던 어느 날 아버지가 어머니에게 생신 선물로 고가의 명품 가방을 사주셨다. 그때는 '아버지가 사업이 어려우신데도 어머니를 사랑해서 무리하셨나보다'고 생각했다고 한다. 얼마 후 아버지가 더 고가의 외제 자동차를 매매하셨다. 그때 그는 아버지에게 배신감을 느꼈다고 한다. 알고 보니 아버지의 사업은 아버지가 말씀하신 것처럼 어렵지 않았던 것이다.

아버지는 자녀의 교육을 위해서 그런 것이겠지만 오히려 자녀에게 가난한 사고를 심어주었다. 그래서 그는 늘 불안했다. 불안한 마음은 그로하여금 도전을 망설이는 소극적인 사람으로 만들었다. 이후에도 그는 이미 마음에 새겨진 가난한 사고를 극복하지 못했다. 그래서 늘 자신에게도 인색하고 자신의 주변 사람들에게 인색하게 대했다고 한다. 그는 상담을 받은 후 풍요롭게 살기 위해서 가난한 사고를 고치고자 고군분투하고 있다.

그는 가난한 사고로 늘 불안감을 안고 산다. 그가 만일 가난한 사고가 아닌 풍요로운 사고를 가지고 있었다면 지금보다 더 큰 성공을 이뤘을 것이다. 최소한 삶의 질이 지금보다는 훨씬 풍요롭고 행복했으리라.

반면에 다른 한 지인은 일반적으로 말하는 평균 연봉에 못 미치는 수입으로도 풍요롭게 살고 있다. 그와 대화할 때면 깜짝 놀랄 때가 많다. 그는 풍요로운 사고를 가지고 있다. 그리고 적은 수입에도 남에게 베풀며 산다. 작년 말에 나는 가계부를 정리하면서 은행 어플에 들어갔다가 깜짝 놀랐다. 그 지인이 꽤 큰돈을 후원해준 것이다. 전혀 생각하지도 못했던 일이다. 그래서 얼른 전화해서 어떻게 된 일인지 물었다. 그랬더니 별거 아니란다. 연말 정산을 하면서 여유가 있기에 보내준 것이란다. 나는 크게 감동했다. 내가 그를 사랑하는 이유다.

그는 풍요로운 의식을 가지고 큰 꿈을 꾼다. 몇 년 전 그의 집에 초대되어 간 적이 있었다. 그런데 굉장히 좋은 아파트에 살고 있어서 축하해주었다. 그는 어떻게 그 아파트를 매수하게 됐는지 자세하게 설명해주었다.

어느 날 너무 좋아 보이는 수도권의 한 아파트 단지를 보고 가지고 싶다는 생각이 들었다고 한다. 그래서 시간을 만들어서 아내와 자녀들을 데리고 그 아파트 단지를 갔다고 한다. 그리고 "이 아파트는 내 것이다." 아내와 함께 확신하며 선언했다고 한다. 사실 그 아파트를 그가 매수하기에는 너무나 고가였다. 그런데도 그는 확신을 가지고 지속적으로 아파트 단지에 가서 시각화를 하며 확신 선언을 했다고 한다. 그러다 놀라운 기회가 생겼다. 그 아파트에 급매물이 나온 것이다. 그는 시각화와 확신 선언을 하면서 지속적으로 그 아파트의 매매 정보를 확인했던 것이다. 그리고 시세보다 몇천만 원 싼 가격으로 아파트를 매수했다고 한다. 내가 가서 보니 소위 말하는 로얄동과 로얄층이었다. 단지 내에서도 미래 가치까지 좋은 아파트를 매수한 것이다.

나는 그의 풍요로운 사고와 시각화 그리고 확신 선언이 아파트를 매수할 수 있었던 비결이라고 믿는다. 또한 타인에게 베푸는 것이 더 풍요로운 사고를 가져온 것으로 믿는다. 나는 그가 앞으로 더 크게 성공하리라 확신한다. 그가 풍요로운 사고와 실행력을 갖추었기 때문이다. 그리고 시각화와 성공확신을 실현해 성공한 경험을 했기 때문이다. 무엇보다 그는 지금 여기에서 풍요로움과 행복을 누리고 있다.

대부분의 사람들이 부자가 되고 싶은 이유가 무엇일까? 나는 풍요롭고 행복한 삶을 살고 싶기 때문이라고 생각한다. 부자가 되면 선택의 폭이 넓어지고 시간을 아낄 수 있다. 게다가 도움이 필요한 사람들에게 넉넉하게 베풀 수 있다. 그것이 얼마나 풍요롭고 행복한가? 반대로 돈이 많은데도 인색하다면 과연 그 돈이 어떤 의미가 있을까? 삶에 어떤 도움이 될까? 혹시 갑작스럽게 일어날 사고를 대비한 것인가? 단지 그런 이유라면 보험에 가입해도 되지 않을까?

인색함은 돈에 쫓기는 삶을 살게 한다. 또한 돈을 하나님처럼 여기는 우를 범하게 한다. 인색함 자체가 돈을 가장 중요하게 여기는 것을 증명하기 때문이다. 물론 우리의 삶에서 돈은 중요하지만 가장 중요한 것이 아니다. 더 중요한 것들이 많다. 돈은 잘 사용할 때 그 가치가 있다. 소유하려고만 하면 더 중요한 것들을 놓치게 된다.

많은 사람들이 부자가 되는 것을 잘 사는 것이라고 말한다. 어떻게 사는 것이 잘 사는 것일까? 돈이 많으면 부자라고 부를 수는 있지만 반드시 잘 사는 것이라고 할 수는 없다. 인색한 부자는 결코 잘 사는 것이 아니다. 잘 살기 위해서는 가진 것을 잘 활용할 수 있어야 한다. 자기 마음을 풍요롭게 하고 사랑하는 사람들에게 넉넉하게 베푸는 것이 잘 사는 것이다. 도움이 필요한 사람들에게 도움을 주는 것이 잘 사는 것이다.

찰리 채플린은 "인생은 멀리서 보면 희극이지만 가까이서 보면 비극이다."라고 했다. 대부분 부자가 되기 전에는 부자는 다 행복하게 살 것이라고 생각한다. 그러나 부자 중에도 가난한 사고로 불행을 자초하는 사람들이 있다.

나는 우리나라에서 가장 부요한 지역에 있는 두 교회에서 몇 년간 섬겼다. 성도들 중에 부자들도 꽤 있었다. 그러나 부자들 중에 불안과 고민이 많아서 불면증에 시달리는 성도들이 있었다. 내가 보기에는 그 정도 재산이면 어려울 것이 하나도 없을 것 같은데 그렇지 않았다. 물론 그들이 인색했다는 것은 아니다.

그들의 걱정에는 여러 가지 이유가 있을 것이다. 천석꾼에게는 천 가지 걱정이 있고 만석꾼에게는 만 가지 걱정이 있다고 한다. 걱정을 버리는 방법이 무엇일까? 앞서 말한 것처럼 우리가 걱정하는 것의 90%가 실제로는 일어나지 않는다. 그러니 생각을 바꿔야 한다. 믿음으로 긍정적인 확신을 가져야 한다. 그럴 때 진정한 부자가 될 수 있다.

나는 지금까지 성경에 있는 성공하는 법에 대해서 다루었다. 성경이 말씀하는 성공은 인색한 삶이 아니다. 자기만 아는 이기적인 삶이 아니다. 베푸는 삶이다. 무엇보다 참된 성공은 풍요롭고 가슴 설레는 삶을 사는 것이다. 하나님 크기의 성공을 꿈꾸면서 하나님을 본받는 것이다. 하나님은 우리 모두에게 복을 주시되 크게 주시는 분이시다. 아낌없이 주시는 분이시다. 그래서 당신의 독생자 아들 예수 그리스도까지 우리에게 주셨다.

하나님처럼 우리도 주는 삶을 살아야 한다. 하나님의 뜻대로 달란트를 활용하는 삶을 사는 것이 성경에서 가르쳐주는 성공이다. 달란트를 활용해 자신도 풍요를 누리고 타인에게 선한 영향력을 끼치는 삶이 진정한 성공이다. 그것이 진정한 부자가 아닐까? 재산만 많은 것이 아니라 의식이 부요한 진정한 부자가 되어야 한다.

진정한 부자로 거듭나라. 우리는 거듭난다는 말을 자주 사용한다. '학교교육이 거듭나야 한다.', '지역사회가 거듭나야 한다.' 거듭난다는 것을 주로 생각이 바뀌거나 철학이 바뀌는 의미로 사용한다. 그러나 성경에서 거듭난다는 것은 그런 의미가 아니다. 거듭난다는 것은 영어로 'be born again'이다. '다시 태어나다.'라는 의미다. 생각이 변하거나 관점이 변하는 정도가 아니다. 지금까지의 생각과 관점이 아예 새로 태어나야 하는 것이다.

인색함을 가져오는 가난한 사고를 버리고 풍요로운 사고로 거듭나라.

예수님은 성경 누가복음에서 이렇게 말씀하신다. "주라 그리하면 너희에게 줄 것이니 곧 후히 되어 누르고 흔들어 넘치도록 하여 너희에게 안겨 주리라"(누가복음 6:38) 그리고 또 이렇게 말씀하셨다. "주는 것이 받는 것보다 복이 있다" 우리에게 복을 주신 분이 진정한 복은 주는 것이라고 말씀하신다. 그것이 진정한 부자로 거듭나는 것이다. 당신이 신성한 부자로 거듭나기를 간절히 바란다.

02

주는 것이
받는 것보다 복되다

    누군가에게 선물을 줄 때 기쁨을 느꼈던 적이 있는가? 부끄럽지만 과거의 나는 받는 것에 익숙했다. 앞서 말한 대로 목사의 아들이어서 성도들에게 많은 사랑을 받았다. 또 삼남매의 막내여서 가족들에게도 받기만 했다. 누나와 형도 나에게 많이 주었지만 특히 어머니는 막내인 나를 많이 챙기셨다. 맛있는 것이 있으면 어머니는 먹지 않으시고 내게 다 주셨다. 지금도 여전히 어머니는 자기 자신을 위해서는 한 푼도 쓰지 않으시면서 조금이라도 내게 주시려고 하신다. 그럴 때면 마음이 찡하다. 그러다 보니 나는 나만 아는 이기적인 사람이었다. 하나님을 인격적으로 만나시 변화되기 전에는 그것을 당연하게 여겼다. 호익가 계속되면 권리의 줄 안다는 말은 과거의 내게 적용되는 말이었다.

그러다 하나님께 소명을 받은 후 베푸는 삶을 살기로 결단하면서 변화됐다. 그동안 내가 받기만 하고 베풀 줄 모르는 지극히 이기적인 사람이었다는 것을 깨닫게 됐다. 멘토에게 제자훈련을 빚고 타인을 돕는 삶에 대해 배우면서 많이 반성했다. 그런데 그동안의 받기만 했던 습관을 바꾸는 것이 쉽지 않았다. 멘토의 조언과 훈계로 오랫동안 훈련했다. 그러면서 점차 주는 것이 받는 것보다 복되다는 예수님의 말씀을 몸소 체험했다. 내가 가진 달란트로 타인을 도울 때 그들이 변화되고 성장해가는 모습을 보면서 행복을 경험한 것이다.

연애를 해본 사람은 누구나 경험했을 것이다. 사랑하는 사람에게 선물을 줄 때 행복하다는 사실을. 선물을 준비하면서 상대가 기뻐할 모습이 상상돼 기분이 좋아진다. 그래서 할 수만 있으면 더 좋은 것을 선물하기 위해서 노력하게 된다. 만일 연애하면서 선물을 받는 것만 바란다면 진정으로 사랑하는 것인지 고민해봐야 한다. 사랑하면 하나라도 더 주고 싶어진다. 선물을 줄 때 행복감을 느끼기 때문이다.

아내에게 프러포즈할 때 이벤트라는 것을 한 번도 해본 적이 없어서 준비하는 시간이 많이 걸렸다. 그러나 준비하면서 얼마나 행복했는지 모른다. 사실 프러포즈를 하는 시간은 준비한 시간에 비하면 순간처럼 여겨질 정도로 짧았다. 그날 아내가 다닌 어린이집의 행사가 있어서 상당히 늦게 끝났다. 상상한대로 아내는 프러포즈를 받으면서 너무나 행복해했다. 프러포즈를 위해 준비했던 수고와 노력이 한순간에 보상받는 느낌이었다. 아니 오히려 내가 더 큰 선물을 받은 기분이었다. 지금도 그때를 생각하면 미소가 나온다.

"주는 것이 받는 것보다 복이 있다." 이 말씀은 사도 바울이 에베소 교회의 장로들과의 마지막 만남에서 예수님이 하신 말씀을 전한 것이다. 당시 바울은 예루살렘 교회로 가기 전에 에베소 교회의 장로들을 불렀다. 예루살렘에 가면 자신이 잡히어 그들을 다시 볼 수 없다는 것을 알고 있었다. 그래서 자신이 가장 사랑하는 사람들에게 가장 중요한 말을 한 것이다.

바울은 에베소 교회의 장로들에게 이렇게 말했다. "범사에 여러분에게 모본을 보여준 바와 같이 수고하여 약한 사람들을 돕고 또 주 예수께서 친히 말씀하신 바 주는 것이 받는 것보다 복이 있다 하심을 기억하여야 할지니라"(사도행전 20:35)

바울은 예수님을 만나 후 평생 다른 사람을 돕는 삶을 살았다. 그의 삶의 여정을 보면 얼마나 열정적이었는지 모른다. 그야말로 목숨을 걸고 복음을 전하고 사람들을 도왔다. 그 결과 많은 사람들이 바울을 통해 진리를 깨닫고 행복한 삶을 살 수 있었다. 그 과정에서 그는 예수님이 말씀하신 대로 받는 것 보다 주는 것이 복이 있다는 것을 경험했다. 그는 마지막 숨을 거두는 순간까지 자신이 알고 있는 진리를 한 사람에게라도 더 전하려고 애썼다. 그런 그의 삶은 모든 그리스도인의 모본이 되고 있다.

록펠러는 미국 선유 산업의 대명사라고 불린다. 그가 부를 이룬 속도는 타의 추종을 불허한다. 33세에 백만장자가 됐고 43세에 미국의 최대 부자가 됐으며 53세에 세계 최대 갑부가 됐다. 모두가 부러워할 만한 성공을 이뤘지만 그때까지 그는 결코 행복하지 않았다고 한다.

그러다 그는 55세에 인생의 큰 전환점을 맞았다. 불치병에 걸린 것이다. 의사는 1년 이상 살지 못한다고 했다. 그는 착잡한 심정으로 마지막 검진을 받으러 갔다. 검진을 받으러 가는 길에 병원 로비에 걸린 액자가 눈에 들어왔다. 바로 "주는 것이 받는 것보다 복이 있다"는 성경 말씀이었다.

그가 그 글을 보는 순간 마음속에 전율이 일어났다. 그리고 그의 눈에는 어느덧 눈물이 흘러내렸다. 그래서 눈을 지그시 감고 생각에 잠겼다. 그때 갑자기 병원이 소란스러워졌다. 무슨 일인가 알아보니 어느 환자의 병원비 문제였다. 환자의 어머니가 병원 측에 입원시켜 달라고 울면서 사정하고 있었다. 병원 측은 병원비를 내지 않으면 입원할 수 없다고 했다. 록펠러는 조금 전에 감동받은 성경말씀이 떠올랐다. 그래서 즉시 그 말씀대로 실천했다. 비서를 통해 병원비를 지불한 것이다. 그리고 그 사실을 비밀로 했다.

얼마 후 그가 병원비를 지불한 환자가 기적적으로 회복됐다. 그 모습을 지켜보던 록펠러는 너무나 기뻤다. 록펠러는 자서전에서 그 순간을 이렇게 표현했다. "저는 살면서 이렇게 행복한 삶이 있는지 몰랐습니다."

주는 복을 경험한 그는 그때부터 나눔을 작정하고 실천했다. 그리고 그는 98세까지 장수했다. 나눔을 실천하자 건강까지 회복된 것이다. 그는 자신의 인생에 대해서 이렇게 회고한다. "인생 전반기 55년은 쫓기며 살았지만 후반기 43년은 행복하게 살았습니다."

세계적인 부자인 록펠러도 부만 쌓고 베풀지 않을 때는 행복하지 않았다. 그러나 베풀기 시작했을 때 행복해졌다. 왜 그럴까? 우리가 생각하기에는 록펠러처럼 돈만 많으면 행복할 것 같은데 말이다. 이유는 간단하다. 하나님께서 우리를 베푸는 사람으로 창조하셨기 때문이다. 베풀 때 행복한 것이 하나님의 창조의 법칙이다. 베풀지 않는 한 결코 진정으로 행복해질 수 없다. 진정한 행복은 베풀 때 얻게 되는 선물인 것이다.

마더 테레사는 "나눔은 우리를 진정한 부자로 만들며, 나누는 행위를 통해 자신이 누구이며 또 무엇인지를 발견하게 된다."라고 했다. 나눔이 우리를 진정한 부자로 만든다.

또한 록펠러는 베푸는 삶을 시작했을 때 건강해졌고 장수할 수 있었다. 건강은 돈으로 살 수 없는 것이다. 미시간대학교 학자들은 5년간 400명의 노부부들을 조사했다. 그 결과 다른 사람들을 돕는 사람들은 그렇지 않은 사람들에 비해 수명이 훨씬 더 길다는 결론을 내렸다. 연구 책임자인 브라운 교수는 다음과 같이 말했다. "다른 사람을 돕는 것은 자신의 생명을 연장시킨다."

주는 것이 받는 것보다 복이 있다. 누군가에게 무언가를 줄 수 있다는 것 자체가 큰 복이다. 내가 재정적으로 어려움을 겪으면서 가장 힘들었던 것 중의 하나가 받기만 한 것이었다. 가족들에게 받기만 했다. 지인들을 만날 때도 대접을 받기만 했다. 그것이 나를 견딜 수 없이 힘들게 했다. 그래서 점점 사람들을 만나지 않았다. 무엇보다 견딜 수 없었던 것은 내가 사랑하는 사람들에게 마땅히 주어야 할 것들을 줄 수 없는 것이었다. 그래서 나는 경제적 자유를 꿈꾸기 시작했다. 최소한 내가 받은 것만큼이라도 돌려주고 싶기 때문이다. 내가 바라는 경제적 자유는 사람들에게 베푸는 것이다.

이스라엘에는 사해라는 호수가 있다. 사해는 매우 많은 염분을 함유하고 있다. 사해의 짠물은 밀도가 높아서 사람의 몸이 위로 쉽게 떠오른다. 고농도 염분 때문에 세균을 제외하고는 어떤 생물도 살지 못한다. 마실 수 없는 물이다. 그런데 사해에 들어오는 물은 요단강의 신선한 물이다. 그러나 물이 들어오기만 하고 나가지 않아서 심각하게 썩는 것이다.

가지려고만 하고 나누지 않는 사람은 사해와 같다고 생각한다. 가지기만 하고 주지 않는 이기적인 삶은 점차 썩어 악취를 풍기게 될 것이다. 사람들이 가까이할 수 없는 이기적인 사람이 되는 것이다. 아무리 가진 재물이 많더라도 자신을 진심으로 생각해주는 사람이 없다면 행복할 수 있을까? 전혀 그렇지 않다. 우리는 혼자 살 수 없기 때문이다.

진정으로 행복해지고 싶은가? 그렇다면 '어떻게 베풀 수 있을까?'를 생각하라. 하나님은 우리에게 복 주시기를 바라신다. 우리가 준비만 되어 있다면 그 복을 받을 수 있다. 우리가 해야 할 준비는 믿음의 확신과 베푸는 마음, 그리고 실행력이다. 믿음으로 풍요로운 의식을 가지고 받은 복을 나눌 수 있어야 한다. 그럴 때 하나님께서는 우리에게 복을 주신다. 받은 복을 나누어 줄 때 우리에게 오는 놀라운 기쁨과 행복이 있다. 반드시 기억하고 실행하자. 주는 것이 받는 것보다 복되다!

- 03 -

축복을 나누면 하나님이
몇 배로 갚아 주신다

〈행복한 성공파트너 휴넷〉의 조영탁 대표는 이렇게 말했다.

"군자는 의로움에 밝고 소인은 이익에 밝다. 다른 사람의 이익을 먼저 생각하면 오히려 풍성한 인맥을 얻고 결국 이익의 중심에 서게 된다. 하지만 사사건건 손해를 보지 않으려고 애쓰며 자기 이익을 먼저 챙기면 결국 사람과 돈을 다 잃는 지경에 이르게 된다. 신의 경제학은 아주 간단하다. 자신이 준만큼 받는 것이다. 대가를 바라고 주는 것이 아니라 순수하게 베푸는 것을 말한다. 무언가가 부족하거나 필요하다고 느낄 때마다 먼저 원하는 것을 주어라."

조영탁 대표는 자신이 준만큼 받는다고 말한다. 그러나 나는 자신이 준 것보다 더 크게 받는다고 확신한다. 무슨 일을 하든지 다른 사람의 이익을 먼저 생각하면 오히려 더 큰 이익을 얻게 된다. 이것이 하나님의 법칙이다.

창업이나 영업에 성공하는 방법은 고객이 먼저 원하는 것을 주는 것이다. 어쩌면 당연한 원리일 수 있다. 그러나 생각보다 많은 사람들이 당장의 이익에 집중해 소탐대실하는 우를 범한다.

이런 원리는 우리가 식당에 가거나 어떤 물건을 살 때를 생각해보면 쉽게 이해할 수 있다. 창업을 시작한 사람들 중에 이익을 얻기 위해서 인색하게 장사하는 사람들이 있다. 판매 상품이나 음식을 질을 생각하지 않고 싸기만 한 것을 구입하거나 양을 적게 하는 경우다. 그런 곳은 사람들이 한 번은 갈지 몰라도 두 번 다시 가지 않는다. 결국 작은 이익을 탐하다가 큰 것을 잃는 것이다. 어떤 경우는 불친절해서 다시 가고 싶지 않은 곳도 있다. 물론 손님들이 소위 말하는 갑질을 해서 사회적 논란을 일으키는 경우도 있다. 그런 경우가 아니면 친절은 말할 필요도 없는 필수요소이다.

지금 사는 지역에 이사 온 지 얼마 안 됐을 때 일이다. 지인들과 같이 근처 식당에 가서 식사를 했다. 그 식당은 3+1로 고기를 삼 인분을 주문하면 일 인분을 서비스로 주었다. 기분 좋게 식사를 하고 있는데 한 지인에게 전화가 왔다. 얼굴이라도 보고 싶다며 식당으로 오겠다는 것이다. 그래서 일 인분을 시켜놓겠다고 했더니 속이 안 좋아서 식사는 못한단다. 그리고 약속이 있어서 잠깐 보고 갈 것이라며 괜찮다고 했다. 식사가 거의 다 끝나 갈 즈음에 그 지인이 왔다. 지인이 도착해서 자리에 앉자 식당 직원이 와서 3+1이기 때문에 인원수대로 주문해야 한다고 했다. 우리는 지금 온 사람은 식사를 안 하고 잠깐 온 거라고 했다. 그런데 무조건 인원수대로 주문해야 한다며 일 인분을 가져왔다. 결국 이미 식사를 마친 사람들이 배가 부른데도 억지로 먹었다. 이후로는 그 식당에 가지 않았다.

그 식당은 3+1이라는 행사를 해서 손님이 더 오게 하려고 했을 것이다. 그런데 서비스를 준다는 이유로 융통성 없는 방침을 고집한다면 역효과가 일어날 수 있다.

핸드폰 판매와 관련된 사건도 꽤 있다. 핸드폰을 할인해주는 것처럼 말해서 판매해놓고 알고 보면 오히려 비싸게 파는 경우다. 아내와 결혼하기 전에 내가 핸드폰을 바꾸게 돼서 같은 모델을 사서 선물한 적이 있다. 사용하던 핸드폰을 정리하면서 계산해보니 핸드폰 가격이 무려 100

만 원이 넘었다. 판매자가 말한 것보다 수십만 원이나 비쌌던 것이다. 아내는 그 핸드폰을 살 때 아주 싸게 산 줄 알고 있었다. 한두 명은 속일 수 있을지 모르지만 과연 그렇게 장사하는 곳에 두 번 이상 갈까? 고객은 바보가 아니다.

언젠가 범죄심리학자 박지선 교수가 TV프로그램 〈유퀴즈 온 더 블록〉에서 한 말이 생각난다. "모두 너보다 똑똑하다!" 그렇다. 요즘 사람들은 대부분 똑똑하다. 작은 이익을 탐하다가 큰 것을 잃지 말라. 사람을 잃는 것이 큰 것을 잃는 것이다. 결국 모든 것은 사람과 관련 있기 때문이다. 그러니 성공하고 싶다면 정직하고 선한 마음으로 사람을 대해야 한다. 진실한 사람에게 하나라도 더 팔아주고 싶은 것이 사람 마음이다. 다 자기 자신에게 돌아오게 되어 있다.

성경 신명기에는 이렇게 말씀한다. "너희 중에 분깃이나 기업이 없는 레위인과 네 성중에 거류하는 객과 및 고아와 과부들이 와서 먹고 배부르게 하라 그리하면 네 하나님 여호와께서 네 손으로 하는 범사에 네게 복을 주시리라" (신명기 14:29)

객과 고아와 과부들은 경제적인 능력이 없다. 그러니 가난한 사람들을 말하는 것이다. 그들을 도울 때 하나님께서 범사에 복을 주신다는 약속의 말씀이다. 하나님은 우리가 축복을 나눌 때 몇 배로 갚아 주신다. 앞서 말한 성경 누가복음의 말씀을 다시 한번 보라. "주라 그리하면 너희에게 줄 것이니 곧 후히 되어 누르고 흔들어 넘치도록 하여 너희에게 안겨 주리라" (누가복음 6:38) 주면 넘치도록 안겨주신다는 약속의 말씀이다. 하나님은 우리에게 복을 주시되 크게 주신다. 하나님의 말씀을 잘 듣고 순종하면 백배의 결실을 맺는다고 약속하셨다.

하나님이 우리에게 무언가를 명령하실 때는 우리를 위한 것이다. 하나님은 우리를 사랑하신다. 하나님의 사랑과 가장 가까운 사랑은 부모의 사랑이다. 건강한 부모는 자녀를 교육할 때 자녀의 유익을 위해서 한다. 부모가 자녀를 공부하게 하는 것은 자녀에게 꼭 필요한 것이기 때문이다. 물론 부모는 사람이기 때문에 의도와 달리 잘못된 선택을 할 수도 있다. 그러나 하나님은 가장 지혜로우신 분이시다. 하나님은 실수가 없으시다. 하나님께서 우리에게 말씀하신 것은 의미 없는 것이 단 하나도 없다. 그래서 하나님의 선하심과 도우심을 먼저 믿어야 하는 것이다. 때로는 하나님의 말씀이 우리의 수준으로는 이해할 수 없을 때도 있다. 그러나 믿고 따르는 것이 내가 할 수 있는 최고의 선택이다.

내가 하나님을 인격적으로 만난 후 교회를 열심히 다닐 때 친하게 지내던 형이 있었다. 그 형은 당시 신학생이었다. 그런데 그 형은 늘 다른 사람에게 베풀었다. 식사를 하러 가면 그 형이 항상 계산을 했다. 하루는 매번 그 형이 계산하는 것이 미안해서 내가 계산하려고 했다. 그 형은 극구 만류하면서 자신이 계산했다. 그러면서 이렇게 말했다. "내가 베풀고 돈을 쓰면 하나님이 더 크게 주셔. 그래서 내가 계산하는 거야." 20대의 젊은 나이의 나는 얼어붙었다. 고마웠지만 오글거렸다. 그리고 그때는 그 형의 말이 솔직히 마음에 와닿지 않았다. 그저 잘 베푸는 고마운 형이라는 생각이 들 뿐이었다.

시간이 지난 후 그 형의 삶을 보면서 그 형의 말 그대로였다는 것을 인정할 수밖에 없었다. 그 형은 어디를 가나 인정받았고 하는 일이 잘 풀렸다. 그 형이 믿고 기도한대로 다 이루어졌다. 나도 제자훈련을 받으면서 그 형의 말을 깨달을 수 있었다. 실제로 내가 누군가에게 베풀 때 하나님은 더 좋은 것을 주셨기 때문이다.

성경 잠언에서는 이렇게 말씀한다. "흩어 구제하여도 더욱 부하게 되는 일이 있나니 과도히 아껴도 가난하게 될 뿐이니라 구제를 좋아하는 자는 풍족하여질 것이요 남을 윤택하게 하는 자는 자기도 윤택하여지리라"(잠언 11:24~25)

자신의 재물을 아까워하지 않고 가난한 자들을 구제하는 사람은 아무리 자신의 선행을 감추려고 해도 사람들로부터 존경을 받는다. 또한 하나님께로부터 인정을 받게 된다. 하나님과 사람에게 인정을 받으면 성공을 못 할 수가 없다. 언젠가는 몇 배로 돌려받는다. 하나님은 우리의 모든 것을 아신다. 그리고 반드시 계산하시는 분이시다. 성경은 하나님이 반드시 계산하시는 날이 온다고 말씀하고 있다. 달란트 비유도 결국 주인이 와서 결산하는 때가 있다는 것을 보여준다.

하나님께서 우리를 축복의 통로로 부르셨다. 우리에게 복을 주시고 우리를 통해서 다른 사람들에게도 복을 주시려고 부르셨다. 그러니 가난한 사람을 도우라는 하나님의 말씀은 우리에게 짐을 지게 하시려는 말씀이 아니다. 우리를 더 크게 축복하시려는 하나님의 축복의 말씀이다.

성경 잠언은 또 이렇게 말씀하고 있다. "가난한 자를 불쌍히 여기는 것은 여호와께 꾸어 드리는 것이니 그의 선행을 그에게 갚아 주시리라"(잠언 19:17) 가난한 자를 불쌍히 여긴다는 것은 단순한 동정심을 말하는 것이 아니다. 가난한 자에게 사랑을 베풀고 실제적으로 도움을 주는 구제의 행위를 말하는 것이다.

성경은 심지어 가난한 사람을 돕는 것이 하나님께 꾸어드리는 것이라고까지 말씀한다. 그 정도로 나누고 베푸는 것이 중요하다는 것이다. 그리고 이 말씀에는 반드시 갚아주신다는 하나님의 강한 의지가 담겨 있다.

앞서 말한 사해 호수가 물을 받기만 하고 내보내지 않아서 썩은 것처럼 가지기만 하면 문제가 생긴다는 것은 자연의 법칙이다. 이 자연의 법칙은 하나님께서 만드신 것이다. 오히려 가진 것을 내보낼 때 호수가 맑아지는 것처럼 내가 받은 축복을 나눌 때 더 큰 축복을 받게 된다. 하나님의 갚아주심은 우리가 나눈 것보다 더 크다. 그러니 받기만 하거나 갖기만 하는 것은 어리석은 짓이다. 돈은 사용할 때 가치가 있다. 달란트도 마찬가지다. 그러니 내게 있는 것들을 가치 있게 사용하자. 하나님의 축복과 참된 행복이 우리를 맞아줄 것이다.

내가 할 수 있는
최상의 것은 나눔이다

영국의 총리이자 제2차 세계대전을 승리로 이끌었던 윈스턴 처칠은 인생에 대해서 이렇게 말했다.

"우리는 일함으로 생계를 유지하지만 나눔으로 인생을 만들어간다."

우리는 생계를 유지하기 위해 일을 해야 한다. 아무리 영적인 것을 중요시한다고 해도 육신적인 필요를 무시하며 살아갈 수는 없다. 오히려 영적인 것만을 중요시하고 육신적인 일은 무시한다면 건강하지 못한 신앙이다. 기독교는 치우친 신앙이 아니라 균형 있는 신앙을 추구한다. 예수님도 우리의 육신의 필요를 무시하지 않으셨다. 예수님의 비판은 육신적인 것만을 추구하는 사람들을 향한 것이었다.

그러나 생계유지만을 위해서 살아간다면 그 또한 불균형적인 삶이 될 것이다. 그러한 삶은 결핍이 있을 수밖에 없다. 윈스턴 처칠의 말대로 우리의 인생을 채우고 만들어가는 것은 나눔이기 때문이다. 우리의 삶에 행복을 주는 것은 나눔인 것이다.

내가 교회 청년부에 다닐 때 청년부의 형이 취업 문제로 고민하고 있었다. 이 형은 소위 말하는 서울의 명문대학교를 나왔고 일도 지혜롭게 잘했다. 그래서 청년부에서 중책을 맡아왔다. 그런데 이런 저런 사정으로 대학교 졸업이 늦어졌다. 졸업학기에 이미 30대를 앞두고 있었다. 그때만 해도 30대가 되면 취직하기가 쉽지 않았다. 그래도 열심히 취업 공고를 찾으며 이력서를 제출했다. 다행히 취업이 됐다. 그것도 대부분의 취업준비생들이 꿈꾸는 여의도에 있는 회사였다. 그때쯤 나는 교육전도사로 사역을 하게 돼서 다른 교회로 옮겼다. 그래서 한동안 그 형의 소식을 듣지 못했다.

몇 개월이 지난 후 그 형과 만났다. 나는 그 형에게 회사 생활이 어떠냐고 물었다. 나는 누구나 꿈꾸던 좋은 회사에 취직해서 남부러울 것이 없을 것이라 생각했다. 그런데 그 형의 반응은 의외였다. 자신이 일만 하려고 사는 건지 모르겠단다. 아침 일찍 출근해서 집에 들어오면 밤 10시가 넘는다고 한다. 씻고 나면 자야할 시간이라는 것이다. 그래서 다음날 피곤할 것을 알지만 늦게까지 자신의 시간을 가진다고 한다. 그러면 다음날은 어김없이 너무 피곤해서 일하는 내내 힘들다고 한다. 그래도 일하는 기계처럼 살고 싶지 않아서 뭔가 의미를 찾고 싶다며 하소연했다.

그 형은 간절히 바라던 좋은 직장에 취업했지만 기계 같은 생활에 공허함을 느낀 것이다. 그리고 결국 얼마 지나지 않아서 직장을 그만두었다. 대부분 직장에 다니는 사람들은 한번쯤 이런 고민을 해봤을 것이다. 우리가 살아가기 위해서는 반드시 일을 해야 하지만 일만 한다면 공허함을 느낄 수밖에 없기 때문이다. 사람은 누구나 의미 있고 행복한 삶을 살고 싶어 한다.

의미 있고 행복한 삶을 살기 위한 방법은 무엇일까? 알버트 슈바이처는 이렇게 말했다. "나는 당신이 어떤 운명으로 살지 모른다. 하지만 이것만은 장담할 수 있다. 정말로 행복한 사람들은 어떻게 봉사할지 찾고 발견한 사람들이다." 봉사할 때 행복하다는 것이다. 그 형은 첫 직장을 그만두고 자신이 타인을 위해 봉사하는 직장에 취직했다. 16년이 지난 지금까지 그 일을 하고 있다.

여운학 작가는 『지하철 사랑의 편지』에서 알프레드 아들러가 우울증 환자에게 처방한 방식을 소개한다.

오스트리아의 심리학자 알프레드 아들러 박사는 그에게 찾아온 우울증 환자에게 이렇게 말했습니다. "두 주간만 나의 처방을 따르십시오. 그러면 당신은 건강해질 겁니다. 그 처방이란 별로 어려운 것도 아닙니다. 매일매일 어떻게 하면 남을 기쁘게 해줄 수 있을까 궁리해서 그걸 실천하면 됩니다."

특효약을 주거나 까다로운 처방전을 내릴 것으로 기대하고 찾아온 많은 환자들은 대부분 이 싱거운 처방에 크게 실망하고 돌아갔습니다. 그러나 그의 처방을 따른 사람에게는 당장 효과가 나타났습니다. 남을 돕고 어려운 이웃에게 사랑을 전했더니 우울증이 깨끗이 사라진 것입니다. 세상을 향해 부메랑을 날려보세요. 상상할 수 없는 기쁨이 당신의 마음속으로 되돌아올 것입니다.

나는 여운학 작가의 "세상을 향해 부메랑을 날려보세요."라는 말이 크게 공감된다. 남을 돕고 나누는 일은 거창한 것만이 아니다. 지금 내가 할 수 있는 것을 하면 되는 것이다. 작은 것일지라도 괜찮다. 나누면 내게 더 크게 돌아온다. 내가 나눈 것의 크기보다 훨씬 큰 기쁨으로 돌아온

성경에서 찾은 더 크게 성공하는 법

다. 또한 나눔은 확장된다. 내가 나눌 때 그 사람도 나누게 되는 선순환의 역할을 한다. 나의 나눔이 우리 사회를 따뜻하게 만들어가는 것이다. 그것이 하나님이 우리에게 바라시는 것이다. 하나님은 우리의 나눔을 기뻐하신다. 우리가 나눌 때 하나님은 더 큰 축복으로 갚아주신다. 우리는 가진 것을 나누면 되는 것이다.

지금까지도 사람들에게 애용되는 〈밴드에이드〉라는 반창고가 있다. 이 반창고는 1900년 대 초 얼 딕슨이 사랑하는 아내를 위해 고민하다 발명한 것이다.

얼 딕슨의 아내 조세핀은 요리를 거의 할 줄 몰랐다. 그러다 보니 요리를 할 때마다 칼에 손이 베었고, 뜨거운 음식물을 준비하다 보면 손을 자주 데였다. 그 당시 딕슨은 병원에서 사용하는 외과치료용 테이프를 제작하는 존슨&존슨에 근무하고 있었다.

딕슨은 소독솜과 작게 자른 거즈를 반창고 중간에 붙여서 아내의 상처에 붙여주곤 했다. 그는 필요할 때마다 매번 그렇게 만들었지만 항상 아내를 도울 수는 없었다. 그래서 아내를 위해 혼자서도 치료할 수 있는 반창고를 만들기로 결심했다. 우여곡절 끝에 한꺼번에 많이 만들어 놓아도 괜찮을 거즈를 준비해서 반창고에 미리 붙여 두었다가 필요할 때면 하나씩 사용했다. 그렇게 아내가 혼자서도 붙일 수 있는 반창고를 만들었다.

존슨사의 회장 제임스 존슨이 어느 날 우연히 딕슨이 만든 반창고를 붙이고 있는 것을 보게 됐다. 반창고의 편리함에 관심이 크게 쏠린 회장은 딕슨의 아이디어를 제품에 활용했다. 그렇게 빌명된 딕슨의 밴드 반창고는 나오자마자 선풍적인 인기를 끌며 날개 돋친 듯이 팔렸다. 결국에는 〈밴드에이드〉라는 이름으로 지금의 일회용 반창고를 대량생산하게 됐다. 이후 〈밴드에이드〉는 반창고의 대명사가 됐다.

딕슨은 사랑하는 아내를 어떻게 하면 도울 수 있을까를 생각하다가 실천한 것이 놀라운 결실을 거뒀다. 대부분의 뛰어난 발명품은 작은 관심에서부터 시작된다. '어떻게 조금 더 편리하게 할 수 있을까?'에서부터 놀라운 발명품이 나오는 것이다.

결혼 전에 나는 혼자 여행 다니는 것을 좋아했다. 혼자 여행을 다니면서 좋은 경치를 감상하며 생각하는 시간이 좋았다. 그러나 한 가지 단점이 있었다. 사진을 촬영하지 못한다는 것이다. 그래서 셀카봉의 발명이 반가웠다. 별 것 아닌 것 같지만 쓰면 쓸수록 어떻게 이런 생각을 할 수 있었을까 싶어 놀랍다.

그러다 셀카봉을 개발한 사연을 TV에서 듣고 더 크게 놀랐다. 인기라디오 프로그램 〈컬투쇼〉의 사연을 듣고 셀카봉을 개발했다는 것이다. 셀카봉 개발자는 '외국에서 외국인에게 사진 촬영을 부탁했다가 휴대폰을 갖고 도망을 갔다'라는 사연을 듣고 개발했다고 한다. 당시 무직이었던 개발자는 셀카봉을 개발해서 건물까지 세웠다고 한다.

이렇게 남을 생각하는 마음은 나 자신에게 축복이 된다. 남을 위하는 마음은 공허함과 우울함을 치료할 뿐만 아니라 때로는 성공까지 이루게 하는 것이다. 이것이 남을 돕고 나눌 때 얻는 축복이다.

성경에는 오병이어의 기적이 나온다. 예수님께서 한 아이가 가진 보리떡 다섯 개와 물고기 두 마리로 오천 명을 먹이신 기적이다. 예수님은 무에서 유를 창조하시는 분이시다. 그럼에도 불구하고 한 아이가 가진 작은 음식을 가지고 오천 명을 먹이시는 기적을 행하셨다. 심지어 오천 명을 먹이고 남은 조각이 열두 바구니나 된다. 결국 하나님은 사람을 통해 일하시는 것이다. 내가 나누지 않더라도 하나님은 누군가를 통해서 일하신다. 그러나 나누는 사람은 놀라운 기적과 축복을 직접 경험한다. 그러니 또 다른 축복을 받을 믿음과 실행력을 갖추게 되는 것이다.

당신은 이 놀라운 축복을 경험하고 싶지 않은가? 나눔을 실천하라. 당신이 가진 것으로 도우면 된다. 당신의 달란트로 도우면 된다. 그럴 때 당신의 달란트는 점점 더 커질 것이다. 나눔으로 당신은 더 크게 성공할 것이다. 당신의 나눔으로 우리 사회는 점점 더 아름다운 사회로 발전할 것이다. 그러니 우리가 할 수 있는 최상의 것은 나눔이다.

05

누군가를 위한
축복의 통로가 되라

"어떻게 살아야 가장 의미 있고 행복할 수 있을까?" 내가 하나님을 만난 후 항상 마음속으로 던졌던 질문이다. 답은 성경에 있었다. 바로 누군가를 위한 축복의 통로가 되는 것이다. 나는 가장 의미 있고 행복한 삶은 누군가의 축복의 통로가 되는 것이라고 믿는다. 축복의 통로가 되는 것이 내가 하나님께 소명을 받은 후부터 지금까지 변하지 않는 최대의 목표다. 그래서 제자훈련을 받았고 다른 사람들을 제자삼고 있다. 보다 전문적으로 도움을 주기 위해 상담을 공부하고 훈련받았다. 그리고 이 책을 출판하는 이유도 누군가에게 축복의 통로가 되기 위한 것이다. 나는 이 책을 읽는 모든 사람들이 축복을 받길 간절히 바란다.

축복의 통로가 되는 것이 어렵게 느껴지는가? 그렇지 않다. 지금 내가 가진 것을 다른 사람과 나누면 된다. 당신에게 있는 것에 집중하라. 당신이 할 수 있는 것에 집중하라. 그러면 당신은 누군가에게 축복의 통로가 될 수 있다.

한 때 '생명을 구하는 포옹'이라는 기사가 수많은 사람들에게 회자되면서 큰 감동을 주었다. 나도 이 기사를 보고 정말 큰 감동과 깨달음을 얻었다.

1995년 미국 메사추세츠 메모리얼 병원에서 쌍둥이 자매가 1분 차이로 태어났다. 그러나 두 자매는 안타깝게도 몸무게가 1kg밖에 되지 않는 조산아로 일곱 달 만에 태어났다. 그래서 두 아기는 각기 다른 인큐베이터에서 보살핌을 받았다. 그런데 그 중의 한 아기의 심장에 이상이 있었다. 의사는 그 아기가 곧 죽게 될 것이라고 했다.

어느 날 아픈 아기의 상태가 갑자기 더 나빠지기 시작했다. 여러 의사와 간호사가 달려와서 아기를 살리기 위해 온갖 노력을 했지만 점점 더 악화됐다. 도저히 치료 방법이 없어보였다. 그때 한 간호사가 과거 유럽에서 써오던 미숙아 치료법을 떠올리며 제시했다. "두 아기를 한 인큐베이터 안에 있게 하면 어떨까요? 태어나기 전 엄마의 배 속에서처럼요."

의료진은 병원 방침에 어긋나는 일이어서 고민했지만 간호사의 의견을 따르기로 했다. 그리고 한 인큐베이터 안에 두 아기를 함께 넣었다. 그러자 놀라운 일이 일어났다. 건강한 아기가 팔을 뻗어 아픈 아기를 감싸 안았던 것이다. 이후에 더 놀라운 일이 일어났다. 아픈 아기의 심장이 안정을 되찾기 시작했고 혈압이 정상으로 돌아온 것이다. 점점 아기의 체온이 제자리로 돌아왔고 마침내 회복되었다.

아무런 힘이 없는 한 아기의 포옹이 다른 아픈 아기를 치유한 놀라운 사건이었다. 진심 어린 포옹만으로도 사람을 회복시키고 살린다. 나는 제자훈련과 상담을 하면서 힘을 얻는 사람들을 많이 봐왔다. 때로는 진심으로 자기 이야기를 들어주는 것만으로도 심리적인 문제가 해결되기도 한다. 조금만 도와줬을 뿐인데 스스로 목표를 발견하고 실천하는 힘을 얻는 경우도 있었다. 이것이 축복의 통로이다. 누군가를 위한 축복의 통로가 된다는 것은 어려운 일이 아니다.

심수명 목사의 『비전의 사람들』에는 사람들이 꿈을 이룰 수 있도록 도운 가족치료학자 버지니아 사티어의 일화가 나온다. 사티어가 공공복지에 의존해서 생활하는 한 그룹의 사람들과 가족치료 모임을 했다. 이 모임은 인종적으로 매우 다양하고, 가족배경이 복잡한 사람들로 구성되어 있있다.

첫 번째 모임에서 버지니아 사티어가 이런 질문을 했다. "여러분의 꿈은 무엇입니까?" 그랬더니 "먹고살기 힘들어 죽겠는데 무슨 꿈이냐!"라면서 적대적인 분위기가 형성됐다. 그 중의 한 여인이 매우 적대적인 어조로 사티어에게 말했다. "꿈이요? 난 꿈이 없어요." 그러면서 그녀는 쥐들이 아이들의 음식을 빼앗아 먹는 판에 무슨 꿈을 꿀 수 있느냐고 화를 냈다. 사티어는 용기를 내 침착하게 다시 물었다. "왜 쥐들이 당신 아이들의 음식을 먹는지 내게 말해줄 수 있겠습니까?"

그 여인은 방충망을 친 문이 고장 나서 수리가 필요하다고 했다. 사티어는 그 그룹 중에 문을 수리할 수 있는 사람이 있는지 물었다. 그러자 한 남자가 자기는 수리공이 되는 게 꿈이라면서 자기가 해보겠다고 했다. 사티어는 그에게 방충망 수리에 필요한 돈을 주면서 수리를 부탁했다. 다음 주에 수리공은 방충망을 수리했다.

다음 모임에서 사티어는 또 다시 물었다. "자, 우리가 꿈을 세우고 함께 꿈을 나누기 위해서 무엇이 필요할까요?"

지난 시간에 쥐를 막을 수 있도록 해달라고 얘기한 여인이 제일 먼저 말하기 시작했다. 원래 자기 꿈은 비서가 되는 것이었는데 여섯 명의 아이가 있어서 꿈을 이룰 수 없다고 했다. 그러자 사티어는 저 여자 분이 비서직 훈련을 받을 수 있도록 몇 주 동안 아이들을 돌봐줄 수 있는 사람이 있는지 물었다. 그룹 중에 아이를 돌볼 자격증을 얻고 싶어 하는 여성이 몇 명 있었다. 그들이 번갈아가면서 아이들을 돌봐주기로 약속했다.

이렇게 꿈을 이야기 하면서 그 꿈을 이루기 위해 방해가 되는 요인을 확인하고 서로 도왔다. 12주가 지나기 전에 모든 참여자들은 더 이상 공공복지의 힘에 의지하지 않게 되었다. 그들은 그들 스스로 살아갈 수 있는 능력과 자존감 그리고 자신감을 얻게 됐다. 이 일로 인해서 사티어는 사람들이 꿈을 가지고 살아가도록 돕는 조력자로서 살기 시작했다.

공공복지에 의존해서 생활하는 사람들은 부정적인 것, 할 수 없는 것, 나쁜 환경에 집중했다. 그래서 자포자기했다. 자기 자신을 갉아먹는 자포자기병을 앓고 있었다. 그러나 사티어의 도움으로 그들은 스스로 할 수 있는 방법을 찾기 시작했다.

사티어는 그들이 할 수 있는 것들을 하도록 질문했다. 그리고 그들이 가지고 있는 달란트와 꿈을 펼칠 수 있도록 도왔다. 그 결과 그들은 서로를 도우며 자기 자신이 꿈꿔오던 것을 시작할 수 있었다. 그것이 그들에게 자존감과 자신감을 갖게 했다. 각자가 할 수 있는 것으로 남을 도울 때 서로가 성장하고 꿈을 이룰 수 있게 된 것이다.

사티어는 이 경험으로 다른 사람들을 돕는 실력이 더 성장했다. 자신이 가지고 있는 달란트를 다른 사람들을 위한 축복의 통로로 활용했다. 그리고 사티어는 마침내 가족치료의 대가로서 지금까지 큰 영향력을 끼치고 있다.

또 다른 교훈은 자기 스스로 일어설 수 있도록 돕는 것이 축복을 나누는 가장 좋은 방법이라는 사실이다. "물고기 한 마리를 잡아주면 하루를 살 수 있지만 물고기 잡는 방법을 가르쳐주면 일생 동안 먹고 살 수 있다"라는 유태인 격언이 있다. 물고기를 잡아주기보다는 물고기를 잡는 법을 가르쳐야 한다는 것이다. 죠셉 쥬베르는 "가르친다는 것은 곧 두 번 이상을 배우는 것이다."라고 했다. 누군가에게 물고기 잡는 법을 가르쳐주는 것은 나를 더 성장시키고 더 크게 축복받는 것이다. 이것이야말로 일석이조의 효과이다. 타인뿐만 아니라 나도 축복을 받는 최고의 비결이다.

다윗은 오랜 시련을 견뎌내고 결국 하나님의 말씀대로 축복을 받아서 왕이 되었다. 일단 왕이 된 후엔 거침이 없었다. 다윗은 가는 곳마다 승승장구했다. 그러나 다윗은 자신의 성공에만 도취되지 않았다. 하나님께서 자기를 왕으로 세우시고 축복해주신 이유를 분명히 알았다. 그것은 바로 이스라엘 백성을 위한 것이었다. 성경 사무엘하는 이렇게 말씀한다. "다윗이 여호와께서 자기를 세우사 이스라엘 왕으로 삼으신 것과 그

의 백성이 이스라엘을 위하여 그 나라를 높이신 것을 알았더라" (사무엘하 5:12)

다윗은 이스라엘 백성들을 위해서 왕으로 세워졌던 것이다. 이스라엘 백성들을 위한 축복의 통로로 쓰임 받은 것이다. 그리고 다윗은 그 사실을 알고 실천했다. 그래서 하나님의 마음에 합한 사람이라는 평가를 받았던 것이다. 다윗이 받은 축복은 사명이었다. 우리도 마찬가지다. 하나님께서 우리에게 달란트를 주시고 축복해주신 것은 나 혼자 움켜쥐고 있으라는 것이 아니다. 그것은 누군가에게 축복의 통로가 되라는 우리의 사명인 것이다.

'노블레스 오블리주'라는 말이 있다. 위키백과에는 이렇게 설명한다. "'노블레스 오블리주'란 프랑스어로 '귀족은 의무를 갖는다.'라는 의미다. 보통 부와 권력, 명성은 사회에 대한 책임과 함께 해야 한다는 의미로 쓰인다. 즉, 노블레스 오블리주는 사회지도층에게 사회에 대한 책임이나 국민의 의무를 모범적으로 실천하는 높은 도덕성을 요구하는 단어이다."

이 말을 들으면 "내가 무슨 사회 지도층인가?", "나는 흙수저인데?"라고 생각할 수 있다. 그러나 당신이 정말 성공하기를 원한다면 지금부터 성공한 사람처럼 살아가기를 바란다. 많은 자기계발의 대가들은 성공하려면 성공한 사람의 생각과 행동을 해야 한다고 주장한다. '노블레스 오블리주'를 지금부터 실천하는 것은 또 다른 성공 비법인 것이다. 그러니 지금부터 모범적으로 실천하고 베풀기를 바란다.

당신에게는 어떤 달란트가 있는가? 당신은 어떤 축복을 받았는가? 그것으로 누군가에게 축복의 통로가 되어야 한다. 단지 의무감을 강요하는 것이 아니다. 누군가에게 축복의 통로가 되는 것은 나 자신에게 더 큰 축복으로 돌아온다. 축복의 통로가 될 때 행복해진다. 축복의 통로가 될 때 나 자신도 더 성장한다. 그러니 누군가를 위한 축복의 통로가 되라는 것이다. 당신이 누군가에게 축복의 통로가 되어서 더 큰 축복을 받고 성공하기를 바란다.

06

재물을
천국에 저축하라

내가 신학대학원을 졸업하고 첫 전임으로 교회 사역을 하게 된 지역은 강남이었다. 전임이라서 매일 출퇴근을 하며 교회의 전반적인 행정일과 설교, 그리고 중고등부를 담당했다. 나는 의무경찰일 때 서초구에서 근무했고 첫 사역도 압구정동이었기 때문에 강남에 익숙한 편이었다. 그래서 알게 모르게 강남에 대한 편견도 있었다.

그 교회의 성도들은 모두 부자고 풍요로운 삶을 살고 있을 것이라 생각했다. 그래서 어떻게 설교를 해야 할지 고민됐었다. 나와는 다른 세계의 상황과 환경에서 살고 있을 것이라는 예상 때문이었다.

특히 중고등부 학생들은 나와 다른 어린 시절을 보내고 있을 것이라 생각했다. 그런데 막상 중고등부 학생들을 만나보니 예상과는 달랐다. 물론 나의 청소년 시절보다는 풍요롭고 좋은 환경이었지만 생각보다 그렇게 부자는 아니었다. 어떤 면에서는 상대적 박탈감도 있어보였다. 그들의 친구들은 더 부자였기 때문이다. 최소한 학생들이 자신들이 얼마나 풍요로운 삶을 살고 있는지 모르고 있었다.

그래서 중고등부 학생들이 어떻게 풍요로운 생각과 감사하는 마음을 갖도록 도울 수 있을까 고민했다. 그러던 중 교회에 〈월드비전〉에서 근무하는 청년이 있다는 것을 알게 됐다. 평소에 〈월드비전〉의 사역에 관심이 있어서 대화를 하게 됐다. 그리고 중고등부 학생들에게 〈월드비전〉의 사역 중 하나인 해외아동후원에 대해서 생각해보도록 했다. 중고등부 학생들에게 〈월드비전〉의 사업에 관련된 영상을 보여주고 해외아동후원에 대해서 알려주었다. 그리고 중고등부 학생들이 해외아동후원 하는 것에 대해서 결정하게 했다. 무기명으로 찬반 투표를 한 것이다. 너무나 기특하게도 90% 이상이 찬성을 했다. 그래서 그때부터 학생들은 해외아동에게 후원을 하게 됐다.

당시 〈월드비전〉을 통해서 학생들은 자신들이 얼마나 풍요롭고 감사한 삶을 사는지 알게 됐다. 그리고 어려운 이웃을 돕는다는 것이 얼마나 중요하고 행복한 일인지도 깨닫게 됐다. 학생들은 후원을 통해서 정신적으로 더 성장했다. 후원을 하는 것보다 더 큰 선물을 받았던 것이다.

〈월드비전〉의 친선대사인 영화배우 정애리는 이렇게 말한다. "내가 가진 초에 불을 켜서 다른 초에 옮겨보세요. 불을 나눠줘도 내 촛불은 꺼지지 않아요. 오히려 더 많은 초에 불이 밝혀지죠. 나눔도 똑같아요. 돕는 것에서 끝나지 않아요. 나눔을 통해 살아나는 사람이 있고, 누군가를 살리는 사람이 생겨나죠. 나눔을 주고받는 모두가 따뜻해져요."

나눔은 촛불을 옮기는 것과 같다는 것이다. 우리의 나눔을 통해 한 사람이 소중한 삶을 살아갈 수 있다. 또한 포기했던 꿈을 회복할 수도 있다. 나 또한 교회 개척을 한 후에 재정적인 어려움을 겪을 때 많은 교회와 사람들의 후원을 받았다. 그들의 관심과 후원이 내게 큰 힘이 됐다. 비전을 향해 갈 수 있는 동력이 됐다. 그래서 이 책도 출판되는 것이다. 내가 도운 한 사람이 세상의 빛과 소금이 될 수 있는 것이다.

성경 마태복음은 "오직 너희를 위하여 보물을 하늘에 쌓아두라 거기는 좀이나 동록이 해하지 못하며 도둑이 구멍을 뚫지도 못하고 도둑질도 못하느니라"(마태복음 7:20)라고 말씀한다. 우리를 위하여 보물을 하늘에 쌓아두라는 것이다. 저축 중에 가장 안전한 저축은 하늘에 쌓아두는 것이다. 과거에는 은행에 저축해두는 것이 가장 안전했다. 그러나 요즘은 은행금리가 매우 낮아서 은행에 저축해두면 오히려 현금 가치가 떨어진다. 물가상승률보다 은행 이자가 현저히 낮기 때문이다. 하나님은 우리가 한 일을 잊지 않으신다. 우리가 한 것보다 더 크게 갚아주신다. 그러니 가장 좋은 투자법은 하늘 은행에 저축하는 것이다.

하늘 은행에 투자하는 가장 좋은 방법은 가난한 자를 돕는 것이다. 앞서 살펴본 대로 성경 잠언은 "가난한 자를 불쌍히 여기는 것은 여호와께 꾸어 드리는 것이니 그의 선행을 그에게 갚아 주리라"라고 약속하고 있다. 가난한 자를 돕는 것이 하나님께 꾸어 드리는 것이라고 말씀한다. 하나님께서 반드시 갚아주신다는 약속의 말씀이다.

성경 야고보서는 "만일 형제나 자매가 헐벗고 일용할 양식이 없는데 너희 중에 누구든지 그에게 이르되 평안히 가라, 덥게 하라, 배부르게 하라 하며 그 몸에 쓸 것을 주지 아니하면 무슨 유익이 있으리요 이와 같이 행함이 없는 믿음은 그 자체가 죽은 것이라" (야고보서 2:15~17)라고 말씀한다. 말로만 하지 말고 실제적인 도움을 주라는 것이다. 행함이 없는 믿음은 그 자체가 죽은 것이다. 실행할 때 믿음은 증명된다.

예수님은 율법의 핵심이 하나님을 사랑하고 이웃을 자신과 같이 사랑하는 것이라고 강조하셨다. 또한 성경 요한일서는 "자녀들아 우리가 말과 혀로만 사랑하지 말고 행함과 진실함으로 하자"(요한일서 3:18)라고 말씀한다. 행함과 진실함으로 사랑해야 하는 것이다.

그런데 "보물을 하늘에 쌓아 두라."라는 말씀을 보면 부자가 되는 것을 부정적으로 말씀하는 게 아닌가 하는 의문이 들 수 있다. 나도 그랬다. 이 말씀이 내가 그동안 물질에 대해서 부정적으로 생각한 이유 중의 하나였다.

그러나 김동호 목사는 『깨끗한 부자』에서 이 말씀에 대해서 이렇게 말한다. "땅에 보물을 쌓아두지 말라고 해서 아예 돈을 멀리하거나 무조건 가난하게 살려고 해서는 안 된다. 이것은 매우 소극적인 생각이다. 예수님은 돈을 멀리하여 아예 땅에 돈을 쌓을 것이 없도록 하라고 말씀하지 않으시고 적극적으로 돈을 벌어 하늘에 쌓으라고 말씀하신다… 예수님은 자기에게 필요한 돈만 벌고 더 이상 돈에 대해 욕심을 부리지 않는 사람이 되라고 말씀하지 않는다. 예수님은 자기에게 필요한 돈만 버는 사람이 아니라 하나님의 필요를 위해 돈을 버는 사람이 되라고 말씀하신다… 이 말씀은 돈에 대한 부정적인 말씀이 아니라 돈에 대한 긍정적인 말씀이다."

나는 김동호 목사의 해석에 무릎을 쳤다. 그렇다. 예수님은 가난하게 살라고 말씀하신 것이 아니다. 오히려 적극적으로 돈을 벌어서 하늘에 쌓으라는 말씀이다. 이 말씀이 경고하는 것은 돈을 주인으로 섬기지 말라는 것이다.

영화 〈쉰들러 리스트〉는 2차 세계 대전 중 독일 나치의 유태인 대학살 사건을 배경으로 한다. 실제 인물인 오스카 쉰들러의 일화를 다룬 영화다. 쉰들러는 1939년 그릇 공장을 인수하기 위해 독일군 점령지인 폴란드 크라쿠프에 도착한다. 그리고 나치 당원이 되어 고위 관료에게 뇌물을 바치며 공장 인수에 총력을 기울인다. 인건비 한 푼 안 들이고 유태인을 이용해 돈을 벌던 그는 유태인 회계사인 스턴과 가까워진다.

스턴은 쉰들러의 양심에 호소한다. 그래서 나치의 만행에 양심의 가책을 느끼던 쉰들러는 유태인을 구해내기로 결심한다. 그는 수용소 장교들에게 돈을 주고 유태인들을 탈출시켜 크라쿠프에서 자신의 고향으로 옮기는 계획을 세운다. 모든 계획은 완벽하게 실행됐고 마침내 천이백 명의 유태인을 구해낸다. 쉰들러는 유태인을 구해내는 과정에서 '한 생명의 무한한 가치'에 대해 눈을 떴다. 돈에서 생명의 고귀함으로 그의 가치관이 전환된 것이다.

독일이 항복하자 유태인들은 자유인이 되고 쉰들러는 도망자 신세가 된다. 유태인들은 금니를 빼서 만든 금반지를 그에게 선물한다. 그 반지에는 탈무드에 나오는 글귀가 새겨져 있었다. '누구든지 한 사람의 생명을 구하면 그는 곧 전 세상을 구하는 것이다.'

오스카 쉰들러는 유태인 천이백 명을 학살로부터 구해냈다. 돈으로 수많은 생명을 구해냈다. 돈으로 생명을 구할 수 있다면 그 돈은 가장 가치 있게 사용한 것이 아닐까? 이것이 하늘 은행에 보물을 쌓는 것이다. 하나님은 우리가 하늘에 보물을 쌓기를 바라신다. 또한 하나님은 반드시 우리가 한 일에 대해서 더 크게 갚아주신다. 우리가 다른 사람에게 베풀 때 하나님은 우리에게 더 크게 베풀어주신다. 그러니 재물을 하늘에 저축하라. 이것이 가장 안전하고 확실한 수입을 얻는 최고의 비법이다.

07

나는 축복을 나누는
그리스도인이다

"인상이 너무 많이 바뀌어서 몰라볼 뻔했어. 완전히 다른 사람이 됐네. 어떻게 그렇게 밝아졌어?" 몇 년 전 20년 만에 우연히 만난 고등학교 동창이 내게 한 말이다. 나는 청소년 시절부터 인상이 좋다는 말을 많이 들었다. 잘 웃는 편이기 때문이다. 첫 인상이 좋아서 받은 혜택이 굉장히 많다. 그래서 나는 나 스스로 항상 좋은 인상이라고 생각했다. 그런데 고등학교 때는 그렇지 않았나 보다.

사실 나는 고등학교 때 질풍노도의 시기를 겪었다. 가난한 가정 형편과 목사의 아들이라는 당위성이 감옥처럼 나를 옥죄었기 때문이다. 그래서 반항적인 마음에 내가 하고 싶은 대로 하며 철없이 행동했다. 돌아보면 고등학교 때부터 하나님을 만나기 전까지의 삶은 후회가 많다. 당시 내 인생 목표가 '후회 없는 삶을 살자'였는데도 말이다.

그러다 하나님을 만난 후 내 인생은 완전히 바뀌었다. 이후에 목사로서의 소명을 받고 나서 더욱 그랬다. 나만 알고 나만 좋으면 됐던 때와는 모든 것이 바뀌었다. 이유는 하나다. 하나님의 사랑을 확인했기 때문이다. 나 같은 사람도 하나님께서 존귀하게 여기시고 사랑하신다는 사실을 알고는 세상이 변한 것 같았다. 똑같은 길을 가는데도 세상이 완전히 달라보였다. 내 마음에 기쁨과 여유가 생기면서 긍정적이고 아름다운 것들이 보였다. 나의 짧다면 짧고 길다면 긴 인생을 둘로 나눈다면 하나님을 만나기 전과 하나님을 만난 후라고 할 수 있다.

그래서 그때 나는 하나님께서 주신 소명대로 살기로 결단했다. 하나님이 주신 소명 때문에 할 수 없이 결단한 것이 아니다. 내가 좋아서 결단한 것이다. 그러나 좋은 마음까지도 하나님께서 주셨으리라. 그런 내 결단은 앞서 말한 첫 번째 멘토를 만나고 제자훈련을 받으면서 구체적으로 세워졌다. 멘토는 내게 평생의 비전의 말씀을 찾으라고 했다. 그때 나는 멘토에게 절대적으로 순종했고 열정적으로 실천했다. 그래서 멘토의 말대로 평생의 비전의 말씀을 기도하며 찾았다.

그때 받은 말씀이 성경 이사야의 말씀이다. "나 여호와가 의로 너를 불렀은즉 내가 네 손을 잡아 너를 보호하며 너를 세워 백성의 언약과 이방의 빛이 되게 하리니 네가 눈먼 자들의 눈을 밝히며 갇힌 자를 감옥에서 이끌어 내며 흑암에 앉은 자를 감방에서 나오게 하리라" (이사야 43:6~7)

이 말씀을 읽고 묵상할 때 총을 맞은 것 같았다. 이 말씀에 나의 마음은 완전히 사로잡혔다. 그리고 곧 내 눈에는 주체할 수 없는 감동의 눈물이 흘러내렸다. 하나님께서 나를 만나주시고 내게 소명을 주신 그대로의 말씀이었다. 내가 살고 싶었던 삶과 동일한 말씀이었다. 나는 말씀대로 하나님의 도우심을 확신한다. 그리고 내가 할 일은 타인을 돕는 삶이라는 것을 믿는다.

이 소명과 비전 때문에 나는 더욱 밝아졌다. 어떤 성도들은 내게 말한다. 얼굴에서 빛이 난다고. 그 정도로 나의 인상은 밝아졌다. 무엇보다 하나님의 사랑을 늘 확인하고 확신하기 때문에 기쁘고 행복하다. 또 내가 받은 달란트로 타인을 도울 때 행복하다. 무엇보다도 그들의 삶이 변할 때 말로 표현할 수 없이 감사하다.

나는 제자훈련을 하면서 많은 청년들과 성도들을 도왔다. 청년들 중에는 10년 이상 도운 경우도 꽤 많다. 지금 돕고 있는 청년 중 한 명도 10년째 돕고 있다. 성도들은 내가 부목사였기 때문에 교회를 옮기면 더 도울 수 없었다. 그래서 몇 개월 정도만 도왔다. 그런데도 그들의 삶은 변했다. 그들은 대부분 교회의 일꾼이 됐고 의미 있는 삶을 살고 있다.

타인을 돕는 삶은 정말 기쁘고 행복하다. 뿐만 아니라 많이 도울수록 나의 실력은 늘고 달란트가 커져간다. 그래서 나의 얼굴은 더 밝아진다. 나는 타인을 더 잘 돕고 싶어서 가족상담학으로 두 번째 석사를 했다. 상담을 공부하고 상담사로 훈련을 받으면서 타인을 구체적으로 돕는 방법을 배웠다. 이것은 부부생활에도 큰 도움이 됐다. 상담도 대학생들을 주로 했다. 생각보다 대학생들 중에 자존감이 낮고 자신감이 없어서 힘들어 하는 학생들이 많았다. 대부분의 원인은 건강한 사랑을 받지 못했기 때문이었다. 그들을 상담하면서 마음이 아플 때가 많다. 그래서 나는 더 많은 사람들을 도울 방법을 끊임없이 찾았다.

성경 이사야에는 이런 말씀이 나온다. "주린 자에게 네 심정이 동하며 괴로워하는 자의 심정을 만족하게 하면 네 빛이 흑암 중에서 떠올라 네 어둠이 낮과 같이 될 것이며 여호와가 너를 항상 인도하여 네 영혼을 만족하게 하며 네 뼈를 견고하게 하리니 너는 물 댄 동산 같겠고 물이 끊어지지 아니하는 샘 같을 것이라 네게서 날 자들이 오래 황폐된 곳들을 다시 세울 것이며 너는 역대의 파괴된 기초를 쌓으리니 너를 일컬어 무너진 데를 보수하는 자라 할 것이며 길을 수축하여 거할 곳이 되게 하는 자라 하리라" (이사야 58:10~12)

내가 가장 감동받은 말씀 중의 하나이다. 이 말씀은 나의 첫 번째 멘토가 평생의 비전으로 받은 말씀이다. 하나님은 시련을 겪고 있는 사람들을 진실하게 돕는 사람에게 축복해주신다. 하나님께서 타인을 돕는 사람들을 항상 인도해 만족을 주시고 견고하게 하신다. '물댄 동산'과 '물이 끊어지지 않는 샘'이란 풍요와 생명 그 자체를 의미한다. 그야말로 풍요롭고 놀라운 축복을 주신다는 하나님의 약속의 말씀이다. 뿐만 아니라 그가 도운 사람들이 세상을 회복시키는 빛과 소금의 역할을 하게 된다는 것이다. 하나님의 축복의 말씀 중에 끝판 왕이라고 할 수 있다.

나는 이 말씀을 믿는다. 그리고 이 말씀의 주인공이 되고 싶다. 그래서 오늘도 축복의 통로가 되기 위해 기도하고 고민하며 노력한다. 나는 더 많은 사람들을 돕고 싶은 심정에 효과적인 방법을 찾고 찾았다.

그 새로운 시작이 바로 이 책이다. 이 책을 읽는 사람들에게 새로운 삶을 살 수 있도록 돕고 싶다. 이 책의 내용을 잘 이해하고 실천한다면 풍요로운 삶을 살게 될 것이라 확신한다.

나는 그동안 영적인 측면과 심리적인 측면에 집중했었다. 아니 더 정확히 말하면 물질적인 측면은 터부시했다. 그러나 내가 물질적인 어려움을 겪고 나니 물질도 너무나 중요하다는 것을 깨달았다. 내가 타인을 돕는 방법 중에 중요한 영역이 빠져 있었던 것이다. 어떻게 보면 어린 시절부터 겪은 가난에 익숙해져서 물질이 별것 아닌 것으로 착각하고 있었던 것 같다. 그러나 누구에게나 물질적인 영역은 너무나 중요하다.

아무리 영적으로 심리적으로 건강하더라도 물질이 없으면 무너질 수밖에 없다. 이 세상을 살아가는 인간에게는 한계가 있는 것이다. 그래서 물질적인 영역을 돕고자 이 책을 출판했다. 나는 우리 모두가 하나님의 축복을 받고 축복의 통로로 살아가기를 간절히 바란다. 더 크게 축복받고 성공하여 더 많이 나누는 사회가 되기를 꿈꾼다.

이제 나의 얼굴은 더 빛난다. 결핍이 없는 삶을 살기 때문이다. 영적인 것과 심리적인 것에만 치우치지 않고 전인격적인 삶을 살기 때문이다. 나는 축복을 나누는 그리스도인이다. 영적인 것, 심리적인 것, 물질적인 것에 대해서 내가 배우고 공부한 것, 그리고 경험한 것을 나누며 살 것이다.

마지막으로 기억하시라. 하나님은 우리에게 축복을 주시는 분이시다. 히나님은 우리에게 작게 주시지 않는다. 크게 주신다. 그러니 가난한 사고를 버리고 풍요로운 사고로 채우라. 물질에 대한 잘못된 관점과 가치관을 버리고 올바른 관점과 가치관을 세우라. 하나님의 크심을 믿고 바라보라. 그리고 선포하라. 이미 축복을 받았음을 확신하고 감사하라. 하나님께서 우리가 믿고 선포한내로 이루어주실 것이다. 우리가 축복을 받아서 누군가에게 흘려보내는 삶이 하나님이 기뻐하시는 삶이다. 이 사실을 믿고 실천하면 당신과 나는 축복을 나누며 최고의 행복을 누리는 삶을 살 것이다.